传承之道

深圳博物馆藏史部古籍善本（上）

深圳博物馆 编

文物出版社

展览筹备委员会

主　　任：叶　杨

副 主 任：蔡惠尧

策 展 人：杨廷进　张　民　黄　洁　张冬煜　周雄伟

内容设计：李婷娴（主创）　洪　斌　王建平　磨玮玮　陈嘉雯

形式设计：姜　琳

陈列布展：张冬煜　李维学　周雄伟　李婷娴　洪　斌　王建平　磨玮玮　陈嘉雯
唐方圆　姜　琳　冯艳平　周艺璇　肖　文

行政支持：姜　蔚　刘剑波　肖金华　陈丹莎　闫　明　陈思贤　秦　燕　刘　磊

文物保护：卢燕玲　杜　宁　牛　飞

教育推广：刘　琨　梁　政　黄宗晞　李胜男　饶珊轶　赖聪琳　陈　琪　郭嘉盈

讲解服务：王　彤　罗洁仪　谢　彤　程嘉瑶　李佳欣　王晓晨　袁　旭　李　卉
王苑盈　暨丽琴　黄佳妮

资料协助：吕　虹　张嘉瑜　邹佳垚　张　森　巴誉婷

信息技术：海　鸥　花蓓蓓　高　原　杨　帆

安全保卫：曾少佳　杨业彬　曹　寅　崔思远

目录

序
凡例
纪传类
史记 明万历二十四年南京国子监本 〇二
史记 明钟人杰刻本 〇六
史记 明嘉靖二十九年秦藩本 一〇
史记评林 明万历刻本 一二
史记评林 明万历刻本 一四
史记评林 日本天明丙午年和刻本 一八
史记 茅盾手批本 一九二四年上海锦章图书馆印行 二〇
前汉书 明万历二十四年德藩最乐轩刻本 二三

后汉书　续汉书志　明嘉靖汪文盛刻福建按察司校刊本　〇二四
后汉书　续汉书志　清光绪金陵书局仿汲古阁刊本　〇二八
后汉书集解　续汉书志集解　民国刻本　〇三二
三国志　宋衢州州学刻元明递修本　〇三六
三国志　明崇祯十七年汲古阁本　〇四〇
三国志　中华民国十七年吴兴刘氏嘉业堂景宋本　〇四四
晋书　明崇祯元年汲古阁本　〇四六
宋书　明崇祯七年汲古阁本　〇四八
梁书　明万历三年南京国子监本　〇五〇
梁书　明崇祯六年汲古阁本　〇五二
后周书　明崇祯五年汲古阁本　〇五四
隋书　元刻明递修本　〇五六
南史　明崇祯十三年汲古阁本　〇五八
北史　明崇祯十二年汲古阁本　〇六〇
旧五代史　民国吴兴刘氏嘉业堂依据四明卢址抱经楼旧抄本校勘本　〇六二

五代史记　明万历四年南京国子监刻清递修本　〇六六
五代史记　清刻本　〇七二
五代史记　清刻本　〇七四
宋史　明成化刻嘉靖万历递修本　〇七六
宋史　清乾隆四年武英殿聚珍本　〇八二
金史　明万历三十四年北京国子监刻本　〇八四
元史　明刻本　〇八六
元史　明洪武三年内府刻本　〇八八
元史　明刻本　〇九〇
元史　明洪武三年内府刻嘉靖递修本　〇九二
元史　明刻明清递修本　〇九六
新元史　民国徐氏退耕堂刻本　一〇二
明史稿　清敬慎堂刻本　一〇六
钦定二十四史　清乾隆四年武英殿本　一〇八
百衲本二十四史　中华民国商务印书馆出版　一三六

编年类

竹书纪年辨证　清乾隆稿本　一四八
资治通鉴　元刻本　一五二
资治通鉴　明天启五年刻本　一五六
资治通鉴　清刻本　一五八
资治通鉴　清胡克家复刻元刊本　一六〇
资治通鉴　清刻本　一六四
资治通鉴　清刻本　一六六
资治通鉴　清光绪十七年长沙杨氏刊本　一六八
资治通鉴　清刻本　一七〇
少微家塾点校附音通鉴节要　明刻本　一七二
资治通鉴纲目　明成化九年内府刻本　一七六
资治通鉴纲目　清刻本　一七八
资治通鉴纲目发明　明刻本　一八〇
资治通鉴纲目发明　明成化内府刻本　一八二

资治通鉴纲目集览　明成化内府刻本　一八四
纲鉴正史约　明刻本　一八六
新刊四明先生高明大字续资治通鉴节要　明刻本　一九〇
宋元通鉴　明刻本　一九二
御批历代通鉴辑览　清同治十年浙江书局重刊本　一九六
续资治通鉴　清同治八年江苏书局翻刻本　一九八
续资治通鉴　清刻本　二〇二
钦定明鉴　清同治九年湖北崇文书局刻本　二〇四
资治通鉴纲目正编校勘记　稿本　二〇八

纪事本末类

通鉴纪事本末　明万历刻本　二一四
通鉴纪事本末　清同治七年朝宗书室木活字本　二二六
宋史纪事本末　明万历刻本　二三〇
宋史纪事本末　清同治十三年江西书局本　二三三

西夏纪事本末　清光绪十年江苏书局本　二二六
元史纪事本末　清同治十三年江西书局本　二三二
明史纪事本末　清同治十二年江西书局本　二三四
后记
参考文献

序

本书是继经部古籍善本图录之后，深圳博物馆编写的第二本古籍善本图录，大体涵盖馆藏纪传类、编年类和纪事本末类的史部古籍。史部古籍是中国传统文化的主要载体之一，记载的是中国历史的延续过程，历史的延续主要体现在文字记载、口述传说和实物遗存。由于口述和实物都有一定的局限性和偶然性，虽然是不可或缺的证据和参考，但往往要等待寻找和发现。所以，历史的系统性和完整性主要体现在文献的记载中。

史书的辑录撰写、校勘整理、传抄雕印、收藏传承都是文化上的大事。深圳博物馆一直致力于收集、保护、推广古籍，对馆藏古籍进行了细致整理和有序编目，本图录也是深圳博物馆古籍整理工作的阶段性成果展示。图录甄选了六十八件史部古籍，其中元刻本《资治通鉴》、明洪武三年内府刻本《元史》、清乾隆四年武英殿本《钦定二十四史》、清《竹书纪年辨证》稿本（上海涵芬楼原存善本）、明成化九年内府刻本《资治通鉴纲目》等均为元代佳椠、明清善本。

古籍善本是珍贵文物，不能随意翻阅，但通过古籍图录，则可以让人们认识它、了解它，为进一步去阅读和研究创造条件。这对于增强文化自信，开展文化交流，实现中华民族伟大复兴和建设人类命运共同体，都有极为现实而深远的意义。希望本图录能为此贡献一点微薄的力量，这是我们最大的心愿。

凡例

一、本书收录的是深圳博物馆藏史部类善本古籍，共六十八种（包括两部稿本）。

二、所录古籍分纪传体、编年体、纪事本末体三类，各类古籍原则上依据成书时间先后编排，同种古籍则按刻书时间先后排列。纪传体、纪事本末体类的部分古籍，如《后汉书》《晋书》《西夏纪事本末》等，按是书所载朝代时间编排。

三、书影选取原则包括：（一）一般选取正文卷一首页（残本取存卷正文首页）。（二）刻书牌记能反映刻书时间及地点，凡存有刻书牌记者，一律印出。（三）能反映版本特征的页面，如刻有刊刻时间、刻工姓名等，酌情选印。（四）能反映抄配、修板等各种复杂情况的书页，酌情选印。（五）钤有名家藏书印的页面，酌情选印。（六）有圈点批校的页面，酌情选印。（七）百衲本二十四史选取前四史卷一首页，殿本、百衲本二十四史皆附全书外观照片。（八）稿本一般选取附有著者批注信息的页面。

四、每部书影前附简要文字说明，包括书名、著者、卷目、存目、版本、解题、版式、钤印等项。

五、版框的高度和宽度，一般选取正文首页测量的数值，以毫米为单位。

太祖武皇帝沛國譙人也姓曹諱操字孟

國參之後太祖一名吉利小字阿瞞王沈魏
先出於黃帝當高陽世陸終之子

曹姓周武王克殷存先世之後封曹俠於邾春
與於盟會逮至戰國為楚所滅子孫分流或家

高祖之起曹參以功封平陽侯世
爵土絕而復紹至今適嗣國於容城桓帝世曹

常侍大長秋封費亭侯司馬彪續漢書曰騰
父節字元偉素以仁厚稱

豕者與節豕相類詣門認之節不與爭後所
其家豕主人大慙送所認豕并辭謝節節笑

是鄉黨貴歎焉長子伯興次子仲興次子叔
興少除黃門從官永寧元年鄧太后詔黃

門從官年少溫謹者配皇太子書騰應其
愛騰飲食賞賜與衆有異順帝即位

纪传类

中华文明高度自觉的历史意识、重视历史著述的传统在世界文明史中独树一帜。先哲修史，官家私家不绝如缕。《隋书·经籍志》确立了经史子集四部分类法的正统地位，纪传、编年、纪事本末是我国古代史书的三种主要体例。

西汉司马迁编写的《史记》，是纪传体史书的首创者，包括本纪、表、书、世家、列传。东汉班固撰《汉书》，则改为本纪、志、表、列传。此后，本纪、列传成为这类史书的固定格式，称为纪传体。纪传体比其他史书体例更为齐全完备，因此政府设史官修本朝史和前朝史，都采用纪传体，纪传体也有「正史」之称。官修正史，聚集了优秀的历史学家，占有了充分的历史资料，由国家授权史官编写，所以是最有权威性的历史文献。一般把中国古代各朝撰写的二十四部纪传体史书总称为「二十四史」。

史记

汉 司马迁撰 南朝宋 裴骃集解 唐 司马贞索隐 张守节正义 一三〇卷

明万历二十四年（一五九六） 南京国子监本

司马迁，字子长，汉左冯翊夏阳（今陕西韩城）人。《史记》是我国第一部纪传体通史，记载了自黄帝时代至汉武帝元狩元年（前一二二）近三千年的历史。作者以其「究天人之际，通古今之变，成一家之言」的作史原则，以历史人物为纪事中心，详实地记录了这一时段内有关政治、经济、军事、文化等各个方面的情况。现存《史记》旧注有三家，即刘宋裴骃《史记集解》、唐司马贞《史记索隐》和张守节《史记正义》。

国子监是中国古代的最高学府。明代于南京、北京分设国子监，其所刻书即南监本、北监本，均以刻印二十一史著称于世。此本为南京国子监刊本，字体清晰，纸墨上佳。

版框高二〇九毫米，宽一五一毫米，十行二十一字，左右双边，单鱼尾，白口。书中有朱笔句读、批注。

南京國子監新鐫史記序

太史公學涉六家途經萬里獵百代未收之聞見剏千齡未備之體裁點銅鐵爲黃金抽神奇于臭腐眞字挾風雷筆驅造物者矣雖班氏而下代有褒彈而六籍以來最爲鉅麗自晉徐中散廣始考異同作爲音義引而伸之代不乏人至裴駰集解小司馬

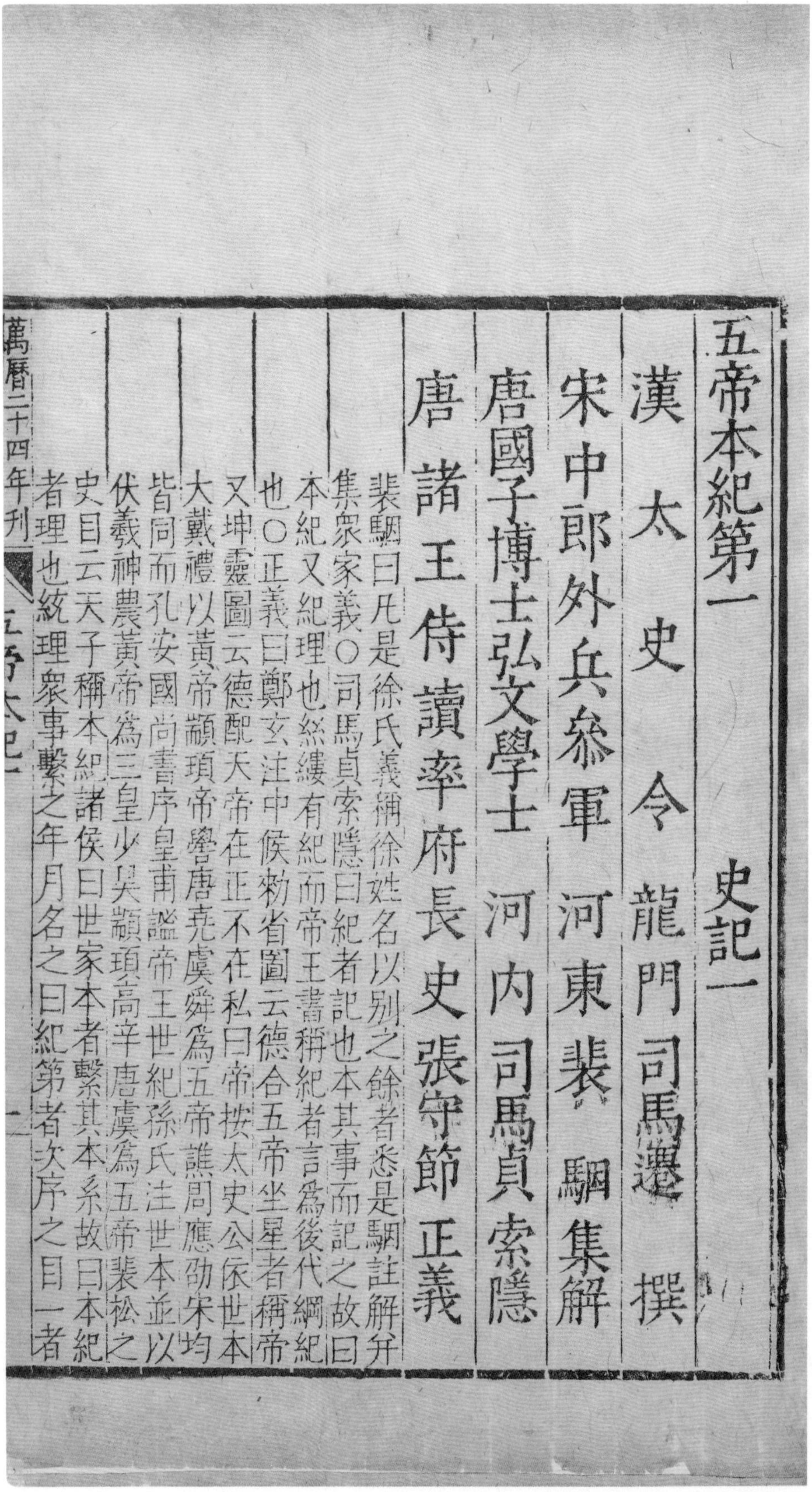

五帝本紀第一　　史記一

漢　太　史　令　龍　門　司　馬　遷　撰

宋中郎外兵叅軍　河東　裴　駰　集解

唐國子博士弘文學士　河内　司馬貞　索隱

唐　諸　王　侍　讀　率　府　長　史　張守節　正義

裴駰曰凡是徐氏義稱徐姓名以別之餘者悉是駰註解并集衆家義○司馬貞索隱曰紀者記也本其事而記之故曰本紀又紀理也絲縷有紀而帝王書稱紀者言爲後代綱紀也○正義曰鄭玄注中候勑省圖云德合五帝坐星者稱帝又坤靈圖云德配天帝在正不在私曰帝按太史公依世本大戴禮以黃帝顓頊帝嚳唐堯虞舜爲五帝譙周應劭宋均皆同而孔安國尚書序皇甫謐帝王世紀孫氏注世本並以伏羲神農黃帝爲三皇少昊顓頊高辛唐虞爲五帝裴松之史目云天子稱本紀諸侯曰世家本者繫其本系故曰本紀者理也統理衆事繫之年月名之曰紀第者次序之目一者

萬曆二十四年刊　五帝本紀一

堯慕禪舜心事以執論精華所謂天下為公唯恐一物不得其所等語無不包攝其中此文章家到筆不到之妙

大荒北經黑水之北有人有翼名曰苗民也○馬融曰殛誅也羽山東裔也○正義曰殛音紀力反孔安國云殛竄放流皆誅也括地志云羽山在沂州臨沂縣界神異經云東方有人焉人形而身多毛自解水土知通塞爲人自用欲爲欲息皆曰云是鯀也○徐廣曰堯在位凡九十八年駰案皇覽曰堯冢在濟城陰劉向曰堯葬濟陰丘壠山呂氏春秋曰堯葬穀林皇甫謐曰穀林即城陽堯都平陽於詩爲唐國○正義曰皇甫謐云堯即位九十八年通舜攝二十八年也凡年百一十六歲孔安國云堯壽百一十六歲括地志云堯陵在濮州雷澤縣西三里郭生述征記云城陽縣東有堯冢亦曰堯陵有碑碑是也括地志云雷澤縣本漢郕陽縣也百姓悲哀如喪父母三年四方莫舉樂以思堯堯知子丹朱之不肖不足授天下索隱曰鄭玄曰肖似也不似言不如人也皇甫謐云堯娶散宜氏之女曰女皇生丹朱又有庶子九人皆不肖也授舜則天下得其利而丹朱病授丹朱則天下病而丹朱得其利堯曰終不以天下之病而利一人而卒授舜以天下堯崩三年之喪畢舜讓辟丹朱於南河之南劉熙曰南河九河之

萬曆二十四年刊　五帝本紀一

史记

汉司马迁撰 南朝宋裴骃集解 唐司马贞索隐 张守节正义一三〇卷
明钟人杰刻本

钟人杰，钱塘（今属浙江）人，字瑞先，明末学者、出版家，曾自编或自辑多部经史书籍。

版框高二二一毫米，宽一四八毫米，九行二十字，四周单边，单鱼尾，白口。书中套印批注，并有朱墨笔记、句读。

兄弟也

錢唐鍾人傑撰

王鏊曰幽明之占死生之說存亡之難即易所謂仰以觀于天文是也按旁羅乃測天度之器如今之日晷地羅也

牧黃帝相也順天地之紀幽明之占死生之說存亡之難存亡猶安危也時播百穀草木淳化鳥獸蟲蛾蛾音牛綺反言淳化廣被及之旁羅日月星辰水波土石金玉旁非一方羅廣布也今按大戴禮作歷離離即羅也言帝德旁羅也勞勤心力耳目節用水火材物節時節也有土德之瑞故號黃帝黃帝二十五子其得姓者十四人黃帝居軒轅之丘而娶於西陵之女西陵國名是爲嫘祖嫘一作傫祖一作組嫘力追反嫘祖爲黃帝正妃生二子其後皆有天下其一曰玄囂是爲青陽帝嚳之祖少昊也青陽降居江水降下也其二曰昌意降居若水昌意娶蜀山氏

删

不抄

虞顓之曰此
逆推世次法

史記本紀卷二

夏本紀

夏禹受禪成功曰禹名曰文命禹之父曰鯀鯀之父曰帝顓頊顓頊之父曰昌意昌意之父曰黄帝禹者黄帝之玄孫而帝顓頊之孫也禹之曾大父昌意及父鯀皆不得在帝位爲人臣當帝堯之時鴻水滔天一作洪鴻大也浩浩懷山襄陵下民其憂堯求能治水者羣臣四嶽皆曰鯀可堯曰鯀爲人負命毀族不可四嶽曰等之未有賢於鯀者願帝試之於是堯聽四嶽用鯀治水

史记

汉司马迁撰 南朝宋裴骃集解 唐司马贞索隐 张守节正义一三〇卷
明嘉靖二十九年（一五五〇）秦藩本

藩刻本，即明代藩王府所刻书本，有晋藩本、秦藩本、楚藩本等。藩刻本多以中央政府赏赐的宋元善本为底本，大都精刻精校，纸墨考究。秦藩本是明代古籍中著名的版刻善本，纸墨精良，校刊严谨。王重民先生定此本之源为宋建安黄善夫本。

版框高一九八毫米，宽一三二毫米，十行十八字，左右双边，无鱼尾，白口。书中有朱笔句读。

五帝本紀第一　史記一

裴駰曰凡是徐氏義稱徐姓名以別之餘者悉是駰註解并集衆家義。司馬貞索隱曰紀者記也本其事而記之故曰本紀又紀理也絲縷有紀而帝王書稱紀者言爲後代綱紀也。正義曰鄭玄注中候勑省圖云德合五帝坐星者稱帝又坤靈圖云德配天地在正不在私曰帝按太史公依世本大戴禮以黃帝顓頊帝嚳唐堯虞舜爲五帝譙周應劭宋均皆同而孔安國尚書序皇甫謐帝王世紀孫氏注世本並以伏犧神農黃帝爲三皇少昊顓頊高辛唐虞爲五帝裴松之史目云天子稱本紀諸侯曰世家本者繫其本系故曰本紀者理也統理衆事繫之年月名之曰紀第者次序之目一者舉數之由故曰五帝本紀第一。又曰禮云動則左史書之言則右史書之正義云左陽故記動右陰故記言言爲尚書事爲春秋按春秋時置左右史故云史記也

黃帝者徐廣曰號有熊。索隱曰按有土德之瑞土色黃故稱黃帝猶神農火德王而稱炎帝然也此以黃

史记评林

明 凌稚隆辑校 一三〇卷

明万历刻本

此书为一部汇辑《史记》历代评论，阐发《史记》意旨的集大成之作。凌稚隆，约明万历年间浙江吴兴（今浙江湖州）人。

版框高二三六毫米，宽一四七毫米，十行十九字，左右双边，单鱼尾，白口。书中有套印批注，版心下方有刻工姓名。

唐順之曰秦興滅學而宗譜不立及漢司馬遷修史記上述黃帝下迄麟趾採世本世系而作帝紀採周譜國語而作周家由是人乃知姓氏之所出

史記評林卷之一

吳興凌稚隆輯校

五帝本紀第一

裴駰曰凡是徐氏義稱徐姓名以別之餘者悉是駰註解并集衆家義○司馬貞索隱曰紀者記也本其事而記之故曰本紀又紀理也絲縷有紀而帝王書稱紀者言爲後代綱紀也○正義曰鄭玄註中候敕省圖云德合五帝坐星者稱帝又坤靈圖云德配天地在正不在私曰帝按太史公依世本大戴禮以黃帝顓頊帝嚳唐堯虞舜爲五帝譙周應劭宋均皆同而孔安國尚書序皇甫謐帝王世紀孫氏註世本並以伏犧神農黃帝爲三皇少昊顓頊高辛唐虞爲五帝裴松之史目云天子稱本紀諸侯曰世家本者繫其本系故曰本紀者理也統理衆事繫之年月名之曰紀第者次序之目一者舉數之由故曰五帝本紀第一○又曰禮云動則左史書之言則右史書之正義曰左陽故記動右陰故記言

長洲顧櫟篤同邑梓易刊

史记评林

明 凌稚隆辑校 一三〇卷

明万历刻本

版框高二三〇毫米，宽一五〇毫米，十行十九字，左右双边，单鱼尾，白口。

唐順之曰秦興滅學而宗譜不立及漢司馬遷修史記上述黃帝下迄麟趾採世本世系而作帝紀採周譜国語而作周家由是人乃知姓氏之所出

史記評林卷之一

吳興凌稚隆輯校

五帝本紀第一

裴駰曰凡是徐氏義稱徐姓名以別之餘者悉是駰註解并集衆家義○司馬貞索隱曰紀者記也本其事而記之故曰本紀又紀理也絲縷有紀而帝王書稱紀者言爲後代綱紀也○正義曰鄭玄註中候敕省圖云德合五帝坐星者稱帝又坤靈圖云德配天地在正不在私曰帝按太史公依世本大戴禮以黃帝顓頊帝嚳唐堯虞舜爲五帝譙周應劭宋均皆同而孔安國尚書序皇甫謐帝王世紀孫氏註世本並以伏犧神農黃帝爲三皇少昊顓頊高辛唐虞爲五帝裴松之史目云天子稱本紀諸侯曰世家本者繫其本系故曰本紀者理也統理衆事繫之年月名之曰紀第者次序之目一者舉數之由故曰五帝本紀第一○又曰禮云動則左史書之言則右史書之正義曰左陽故記動右陰故記言

長洲顧[illegible]

王鏊曰史文簡古有省字無害索隱增改字不必依但北發疑當[從]作北戶耳

宜方五千里至于荒服。南撫交阯北發。索隱曰一句西。戎析枝渠廋氏羌。索隱曰一句北山戎發息慎。鄭玄曰息慎或謂之肅慎東北夷東長鳥夷。索隱曰此言帝舜之德皆撫及四方夷人故先以撫字總之北發當云北戶南方有地名北戶又案漢書北發是北方國名今以北發爲南方之國誤也此文省略四夷之名錯亂西戎上少一西字山戎下少一北字長字下少一夷字長夷也鳥夷也其意宜然今案大戴禮亦云長夷則長是夷號又云鮮支渠搜則鮮支當此析枝也鮮析音相近鄒氏劉氏云息竝音肅非也且夷狄之名古書不必皆同今讀如字也○正義曰注鳥或作島括地志云百濟國西南海中有大島十五所皆置邑有人居屬百濟又倭國西南大海中島居凡百餘小國在京南萬三千五百里按武后改倭國爲日本國四海之內。正義曰爾雅云九夷八狄七戎六蠻謂之四海咸戴帝舜之功。於是禹乃興九招之樂。索隱曰招

按此總敘年數之法

周洪謨曰按舜年九十三自謂倦于勤而命禹居攝豈有百有九歲之後其衰已甚而又南涉大江深入蠻夷之地哉為此說者惑于書陟方乃死之文耳今按韓子謂竹書紀帝王之殁曰陟師古云古謂掘土為坑曰方是時舜年已老故垂殁之際先定其壙而后乃死然其定壙蓋亦不過謂吾死之後可葬某處非若后世擇選風水預為壽藏者也要之舜都蒲坂

音韶即舜樂簫韶九成故曰九招致異物鳳皇來翔天下明德皆自虞帝始。舜年二十以孝聞年三十堯舉之年五十攝行天子事年五十八堯崩年六十一代堯踐帝位皇甫謐曰舜所都或言蒲阪或言平陽或言潘潘今上谷也○正義曰括地志云平陽今晉州城是也潘今嬀州城是也蒲坂今蒲州南二里河東縣界蒲坂故城是也踐帝位三十九年南巡狩崩於蒼梧之野葬於江南九疑是為零陵駰案皇覽曰舜冢在零陵營浦縣其山九谿皆相似故曰九疑傳曰舜葬蒼梧象為之耕禮記曰舜葬蒼梧二妃不從山海經曰蒼梧山帝舜葬于陽丹朱葬於陰皇甫謐曰或曰二妃葬衡山舜之踐帝位載天子旗往朝父瞽叟夔夔唯謹徐廣曰和敬貌如子道封弟象為諸侯駰案孟子曰封之有庳音鼻○

史记评林

明 凌稚隆辑校 李光缙增补 一三〇卷

日本天明丙午年（一七八六）和刻本

李光缙（一五四九至一六二三），字宗谦，号衷一，温陵（今属福建）人。其于凌本《史记评林》基础上加以增补合刊，尝自谓「拥书万卷，何假南面百城为也」。此本为日本和刻本，可见日本对中国文化的推崇。

版框高二二五毫米，宽一六八毫米，十二行十九字，四周单边，单鱼尾，黑口。版心上方有「天明丙午再刊」六字，版心下方有日本刻工姓名「八尾友春」。书中有「浴龙亭藏」印章。

唐順之曰秦興滅學而宗譜不立及漢司馬遷修史記上述黃帝下迄麟趾採世本世系而作帝紀採周譜國語而作世家由是人乃知姓氏之所出

史記評林卷之一

吳興　凌稚隆輯校
温陵　李光縉增補

五帝本紀第一

裴駰曰凡是徐氏義稱徐姓名以別之者悉是駰注解并集衆家義○司馬貞索隱曰紀者記也本其事而記之故曰本紀又紀理也絲縷有紀而帝王書稱紀者言爲後代綱紀也○正義曰鄭玄注中侯敕省圖云德合五帝坐星者稱帝又坤靈圖云德配天地在正不在私曰帝按太史公依世本大戴禮以黃帝顓頊帝嚳唐堯虞舜爲五帝譙周應劭宋均皆同而孔安國尚書序皇甫謐帝王世紀孫氏註世本並以伏犧神農黃帝爲三皇少昊顓頊高辛唐虞爲五帝裴松之史目云天子稱本紀諸侯曰世家本者繫其本系故曰本紀者理也統理衆事繫之年月名之曰紀第者次序之目一者舉數之由故曰五帝本紀第一○又曰禮云動則左史書之言則右史書之正義曰左陽故記動右陰故記言言爲尚書事爲春秋按春秋時置左右史故云史記也

柯維騏曰五帝之名見於孔子家語及大戴禮其說有二其一孔子答季康子以伏

史记

二〇册 一三〇卷

茅盾手批本 一九二四年上海锦章图书馆印行

此书是沈雁冰（茅盾）藏书，每册书首页均有沈雁冰篆体钤印（茅盾笔名始用于一九二七年八月，当时还没有茅盾之名）。书内眉批均为茅盾手笔，写于一九二四年至一九二六年间。眉批主要用钢笔（少数用毛笔、红笔）书写于书页的天头地脚、正文中间、封面封背及空白页，覆盖面大、数量多，除第一、第四至第七册年表月表只有零星字迹外，其他十五册几乎每卷每页都有批注，仅写满空页整页的就有七十四页。眉批内容包括提示、注解、复述、点评、考证、补充等。

开本纵二〇〇毫米，横一三五毫米。

阪泉之野。【集解】服虔曰阪泉地名皇甫謐曰在上谷【正義】阪音白板反括地志云阪泉今名黃帝泉在嬀州懷戎縣東五十六里出五里至涿鹿東北與涿水合又有涿鹿故城在嬀州東南五十里本黃帝所都也晉太康地里志云涿鹿城東一里有阪泉上有黃帝祠按阪泉之野則平野之地也三戰然後得其志。【正義】謂黃帝克炎帝之後蚩尤作亂。不用帝命。【正義】言蚩尤不用黃帝之命也於是黃帝乃徵師諸侯。與蚩尤戰於涿鹿之野。【集解】服虔曰涿鹿山名在涿郡張晏曰涿鹿在上谷【索隱】或作濁鹿古今字異耳按地理志上谷有涿鹿縣然則服虔云在涿郡者誤也遂禽殺蚩尤。【集解】皇覽曰蚩尤冢在東平郡壽張縣闞鄉城中高七丈民常十月祀之有赤氣出如匹絳帛民名為蚩尤旗肩髀冢在山陽郡鉅野縣重聚大小與闞冢等傳言黃帝與蚩尤戰於涿鹿之野黃帝殺之身體異處故別葬之【索隱】按皇甫謐云黃帝使應龍殺蚩尤于凶黎之谷或曰黃帝斬蚩尤于中冀因名其地曰絕轡之野皇覽書名也記先代冢墓之處宜皇王之省覽故曰皇覽是魏人王象繆襲等所撰而諸侯咸尊軒轅為天子。代神農氏。是為黃帝。天下有不順者。黃帝從而征之。平者去之。【正義】平服者即去之披山通道【集解】徐廣曰披他本亦作陂字蓋當為詖詖者旁其邊之謂也披語誠合今世然古今不必同也【索隱】披音如字謂披山林草木而行以通道也徐廣音詖恐稍迂也未嘗寧居。東至于海。登丸山【集解】徐廣曰丸一作凡駰案地理志曰丸山在琅邪朱虛縣【索隱】凡音扶嚴反【正義】丸音桓括地志云丸山即丹山在青州臨朐縣界朱虛故縣西北二十里丹水出焉丸音紈守節按地志唯有凡山蓋凡山丸山是一山耳諸處字誤或丸或凡也漢書郊祀志云禪丸山顏師古云在朱虛亦與括地志相合明丸山是也及岱宗。【正義】泰山東岳也在兗州博城縣西北三十里也西至于空桐。【集解】應劭曰山名韋昭曰在隴右登雞頭。【索隱】山名也後漢王孟塞雞頭道在隴西一曰崆峒山之別名【正義】括地志云空桐山在肅州福祿縣東南六十里抱朴子內篇云黃帝西見中黃子受九品之方過空桐從廣成子受自然之經即此山括地志又云笄頭山一名崆峒山在原州平高縣西百

前汉书

汉班固撰 唐颜师古注 一〇〇卷

明万历二十四年（一五九六）德藩最乐轩刻本

版框高二〇三毫米，宽一四八毫米，十行二十一字，左右双边，单鱼尾，白口。书中有「对耶斋」印章。

班固（三二至九二），字孟坚，扶风安陵（今陕西咸阳）人。官兰台令史。其父班彪继《史记》作《后传》六十五篇，未成而卒。班固因其不够详备，继父志重新编史，积二十余年，基本完成《汉书》。其中八表和《天文志》等未完稿，系由其妹班昭及马续写成。此书是我国第一部纪传体断代史，记载了自汉高祖元年（前二〇六）至王莽地皇四年（二三）共二百三十年间的史事。《汉书》体例上基本承袭《史记》，改「书」为「志」，把「世家」并入「列传」，此后正史的编纂，皆以其为样本。该书大量采用诏令、奏议、诗赋等原始材料，具有极高的史料价值。颜师古为此书作注，为现存最流行注本。

最乐轩，明嘉靖年间分封于济南之德藩的室名。除《汉书》外，还刻印过《昭明太子文集》等多种书籍，是以刻书著称的藩王府之一。

高帝紀第一上　前漢書一

漢　蘭臺令史　班固　撰

高祖沛豐邑中陽里人也姓劉氏母媪嘗息大澤之陂
夢與神遇是時雷電晦冥父太公往視則見交龍
已而有娠遂產高祖高祖為人隆準而龍顏美須
股有七十二黑子寬仁愛人意豁如也常有大度
家人生產作業及壯試吏為泗上亭長廷中吏無
狎侮好酒及色常從王媪武負貰酒時飲醉臥武負
媪見其上常有怪高祖每酤留飲酒讎數倍及見怪
竟此兩家常折券棄責高祖常繇咸陽縱觀秦皇帝

德藩最樂軒　前漢紀一　一

后汉书

南朝宋 范晔撰 唐 章怀太子李贤注 九〇卷

续汉书志

晋司马彪撰 南朝梁 刘昭注补 三〇卷

明嘉靖 汪文盛刻福建按察司校刊本

范晔（三九八至四四五），字蔚宗，顺阳（河南淅川县）人。《后汉书》记载了自东汉光武帝建武元年（二五），至汉献帝建安二十五年（二二〇）共一百九十五年的历史。范晔以《东观汉记》等各家所撰后汉史书为参考，自定体例，厘定成书，使本书成为研究东汉历史最重要的文献。范晔原定编纂十纪、十志、八十列传，合为百卷，但十志未及写成便遭杀害。今本《后汉书》中的《律历》《礼仪》《祭祀》等八志乃取自司马彪《续汉书》，以为填补。今通行本为唐章怀太子李贤注本。

据卷首光绪癸巳年丁立中题记，此本原为明汪文盛刻本，后经福建按察司按察使周采等人校刊。书中每卷皆有剜痕，汪文盛署名亦被剜去，补以周采等人之名。是书曾流入日本，后传回国内，为丁立中所收。汪文盛，字希周，崇阳（今属湖北）人，明正德六年（一五一一）进士。曾刻印过多部史书，所刻《后汉书》是明代著名的精刻本。

版框高一九〇毫米，宽一三四毫米，十二行二十二字，左右双边，白口。书中有朱笔、蓝笔的句读与点校。有「八千卷楼」「文友馆藏」等印章多枚。

後漢書百三十卷小題在上大題在下每頁二十四行行二十二字前有余靖上言目錄一卷梁劉昭註補續漢志八卷序各本俱失刊此本有之余靖上言後卷一首頁題南宋范曄撰唐太子賢注明福建按察司按察使周采提學副使周珫巡海副使柯喬校刊末卷有嘉靖己酉年孟夏月吉旦侯官縣儒學署教諭事舉人廖言監修每卷皆有剜痕惟禮儀志五六祭祀志八九五行志一至六郡國志皆有梁劉昭注補明汪文盛高瀫傅汝舟同校列傳一二亦有范曄太子賢及汪文盛等姓名蓋汪氏所刊嘉靖中流入官庫周采等剜去而補以己名者也余别藏五代史與此同汪氏所刊尚有史記等書未及見考平津館鑒藏記洪氏頤煊曰孔融傳文宙太山都尉顧亭林朱竹垞所見皆作伷伷字公緒則是一人此本作宙與漢碑合足訂俗本之譌此冊流傳日本已久收藏有文友館藏朱文長方印並周里文壺式印叔未過眼白文方印皆日本人圖記無從考核又有朱筆藍筆點校異同處但記曰一作某某不言何本未精也惟自日本重歸 聖朝證以洪氏之言洵足寶已 光緒癸巳端節錢唐丁立中記

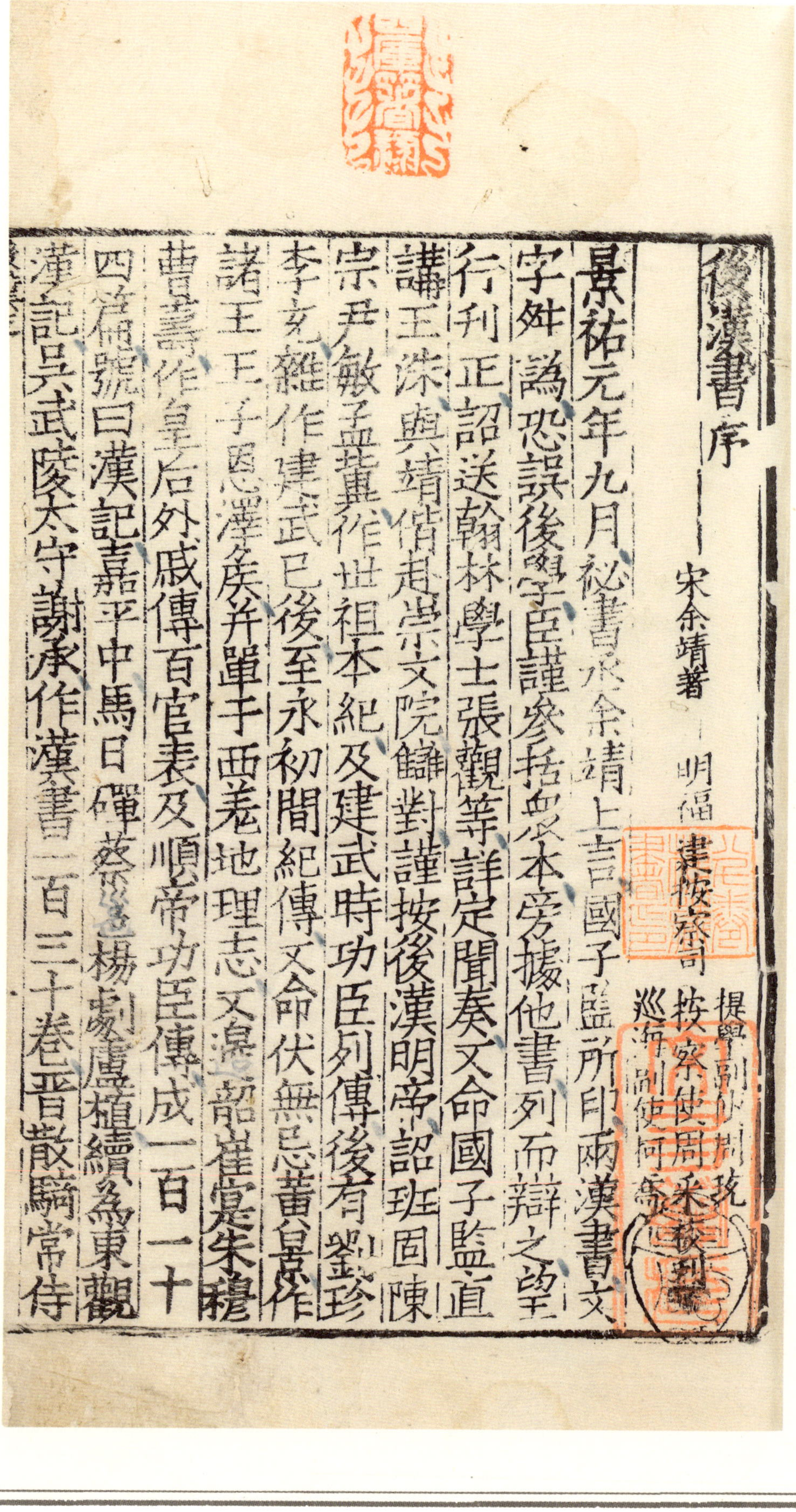

後漢書序

宋余靖著

明福建按察司　提學副使劉玘　按察使周采校刊　巡海副使何[illegible]

景祐元年九月祕書丞余靖上言國子監所印兩漢書文
字舛譌恐誤後學臣謹參括衆本旁據他書列而辯之望
行刊正詔送翰林學士張觀等詳定聞奏又命國子監直
講王洙與靖偕赴崇文院讎對謹按後漢明帝詔班固陳
宗尹敏孟冀作世祖本紀及建武時功臣列傳後有劉珍
李尤雜作建武已後至永初間紀傳又命伏無忌黃景作
諸王王子恩澤侯并單于西羌地理志又邊韶崔寔朱穆
曹壽作皇后外戚傳百官表及順帝功臣傳成一百一十
四篇號曰漢記熹平中馬日磾蔡邕楊彪盧植續為東觀
漢記吳武陵太守謝承作漢書一百三十卷晉散騎常侍

一本無葉字

光武帝紀第一上

南宋范曄撰　提學副使
唐太子賢注　明福建按察司按察使周采校刊
巡海

世祖光武皇帝諱秀字文叔禮祖有功而宗有德光武中興故廟稱世祖諡法能紹前業曰光克定禍亂曰武伏侯古今注曰秀之字曰茂伯仲叔季兄弟之次長兄伯升次仲故字文叔焉南陽蔡陽人南陽郡今鄧州縣也蔡陽縣故城在今隨州棗陽縣西南高祖九世之孫也出自景帝生長沙定王發長沙郡今潭州縣也發生舂陵節侯買舂陵鄉名本屬零陵泠道縣在今永州唐興縣北元帝時徙南陽仍號舂陵故城今在隨州棗陽縣東事具宗室四王傳買生鬱林太守外鬱林郡今郴州縣前書曰郡守秦官秩二千石景帝更名太守外生鉅鹿都尉回鉅鹿郡今邢州縣也前書曰都尉本郡尉秦官也掌佐守典武職秩比二千石景帝更名都尉回生南頓令欽南頓縣屬汝南郡故城在今陳州項城縣西前書曰令長皆秦官也萬戶以上為令秩千石至六百石不滿萬戶為長秩五百石至三百石欽生光武光武年九歲而孤養於叔父良身長七尺三寸美須眉大口隆準日角隆高也許負云鼻頭為準鄭玄尚書中候注云日角謂庭中骨起狀如日性勤於稼穡種曰稼斂曰穡而兄伯升好俠養士常

后汉书

南朝宋 范晔撰 唐 章怀太子李贤注 九〇卷

续汉书志

晋 司马彪撰 南朝梁 刘昭注补 三〇卷

清光绪 金陵书局仿汲古阁刊本

金陵书局由曾国藩创办于清末，是当时较早、影响较大的官书局之一。曾国藩坚持「但求校雠之精审，不问成本之迟速」的原则，加之底本多为善本，故刊本质量上乘。

版框高二〇六毫米，宽一五二毫米，十二行二十五字，左右双边，单鱼尾，白口。

光緒六年夏

金陵書局重刊

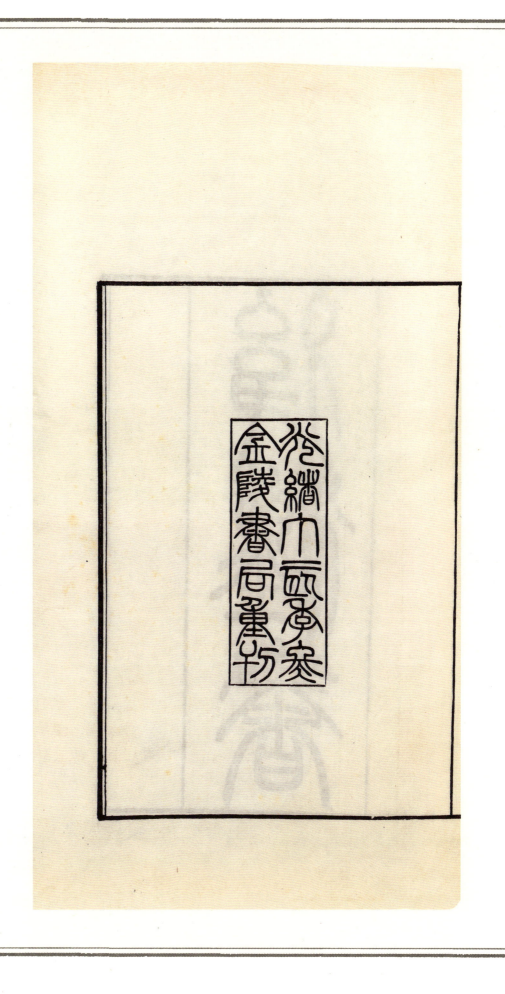

范曄後漢書九十篇一百卷　　唐章懷太子賢注

帝后紀十篇一十二卷

列傳八十篇八十八卷

司馬彪續漢書志八篇三十卷　　梁剡令劉昭注補

光武帝紀第一上　　後漢書一上

唐章懷太子賢注

世祖光武皇帝諱秀字文叔禮祖有功而宗有德光武中興故廟稱世祖諡法能紹前業曰光克定禍亂曰武伏侯古今注曰秀之字曰茂伯仲叔季兄弟之次長兄伯升次仲故字文叔焉南陽蔡陽人南陽郡今鄧州縣也蔡陽縣故城在今隨州棗陽縣西南高祖九世之孫也出自景帝生長沙定王發長沙郡今潭州縣也發生舂陵節侯買舂陵鄉名本屬零陵泠道縣在今永州唐興縣北元帝時徙南陽仍號舂陵故城今在隨州棗陽縣東事具宗室四王傳買生鬱林太守外鬱林郡今郴州縣前書曰郡守秦官秩二千石景帝更名太守外生鉅鹿都尉回鉅鹿郡今邢州縣也前書曰都尉本郡尉秦官也掌佐守典武職秩比二千石景帝更名都尉回生南頓令欽南頓縣屬汝南郡故城在今陳州項城縣西前書曰令長皆秦官也萬戶巳上爲令秩千石至六百石不滿萬戶爲長秩五百石至三百石欽生光武光武年九歲而孤養於叔父良身長七尺三寸美須眉大口隆準日角隆高也許負云鼻頭爲準鄭玄尚書中候注云日角謂庭中骨起狀如日性勤於稼穡種曰稼歛曰穡而兄伯升好俠養士常非笑光武事田業比之高祖兄仲仲郃陽侯喜也能爲產業見前書王莽天鳳中王莽建國六年改爲天鳳迺之長安受尚書略通大義東觀記曰受尚書於中大夫廬江許子威資用乏與同舍生韓

后汉书集解

九〇卷

续汉书志集解

三〇卷 存二五卷
王先谦集解
民国刻本

王先谦（一八四二至一九一七），字益吾，号葵园，长沙人。范晔《后汉书》传世，为之注者颇多。王氏以李贤《后汉书注》、惠栋《后汉书补注》为主，广采博收，校勘版本之异同，订证记载之讹误，诠释名物典章制度。然未成书而逝。其学生黄山完稿三十卷后，又得柳从辰等协助成书，深有裨于《后汉书》研究。

版框高二〇九毫米，宽一五三毫米，十二行二十五字，左右双边，白口，单鱼尾。

乙酉秋中長
沙王氏校刊

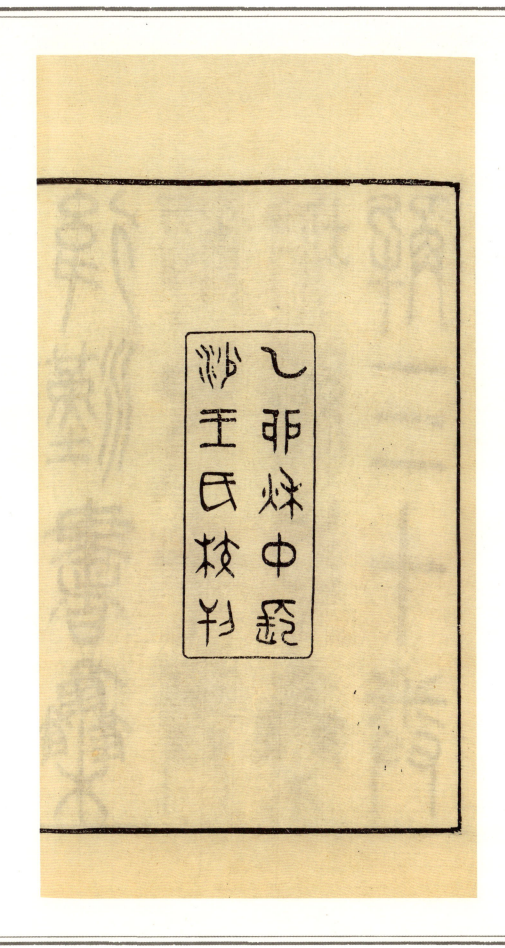

序

范蔚宗氏後漢書拔起眾家之後獨至今存其襃尚學術表章節義既不蹈前人所譏班馬之失至於比類精審屬詞麗密極才人之能事雖文體不免隨時而學識幾於邁古矣司馬續志經劉氏注補自今觀之其禮儀祭祀分部不明光武即位祝文已載帝紀而文內寔入誅赤眉青犢後事祭祀宗廟誤以元成哀平四帝三世代四親廟與范書紀傳不合乃其巨失昔人言入志因范書幸存葢徵詞也唐章懷注成於眾手皆以爲美猶有憾國朝惠棟全書補注刊見粵海堂叢書中無人爲之合併余服膺此書有年於遺文奧義覆加推闡惠氏外廣徵古說請益同人所得倍夥爰取而刊行之因念是書章懷注後歷千年而惠氏爲補注更二百年而余爲集解簒述之事何其遼哉而余以衰年又值流離奔走之

序　一

光武帝紀第一上〔集解〕陳浩曰按班固傳固與陳宗尹敏孟異共成世祖本紀則此紀本固等所撰今考三國志注載漢晉陽秋等書所引紀中語有今書不載者是爲范史所更定也先謙曰此刻一準前書用汲古閣本惟因集解附列已名參同官本餘悉仍舊

後漢書一上

宋 宣城太守范曄撰

唐 章懷太子賢注

王先謙集解

世祖光武皇帝諱秀字文叔禮祖有功而宗有德光武中興故廟稱世祖諡法能紹前業曰光克定禍亂曰武伏侯古今注曰秀之字曰茂伯仲叔季兄弟之次長兄伯升次仲故字文叔焉〔集解〕厲宗萬曰按後漢以光武諱改秀才爲茂材即前漢詔舉秀才異等史官亦追改之前書武紀元封五年詔注應劭曰舊言秀才避光武諱是也惠棟曰洪邁云漢高祖諱邦荀悅云之字曰國惠帝諱盈之字曰滿謂臣下所避以相代也蓋之字之義訓變左傳周史以周易見陳侯者陳侯使筮之遇觀之否謂觀六四變而爲否也他皆倣此棟謂之猶適也適則變矣易繫辭曰惟變所適京房論卦有適變是也避諱改文與卦變同故云之南陽蔡陽人南陽郡今鄧州縣也蔡陽縣故城在今隨州棗陽縣西南〔集解〕齊召南曰按隨州隨字應作隋

三国志

晋 陈寿撰 南朝宋 裴松之注 六五卷 存三〇卷

宋衢州州学刻元明递修本

陈寿（二三三至二九七），字承祚，巴西安汉（今四川南充）人。官观阁令史，著作郎。《三国志》共六五卷，是一部纪传体断代国别史，详细记载了从东汉末年到晋武帝太康元年（二八〇）间的历史。《三国志》以国家为叙事单位，其中《魏书》三〇卷，《蜀书》一五卷，《吴书》二〇卷，在断代史中别创一格。南朝宋裴松之为此书作注，着重于事实的增补和考订，注文内容超过原书数倍，其史料价值尤为珍贵。裴松之（三七二至四五一），字世期，河东闻喜（今山西闻喜）人。

南宋初年衢州州学曾刊刻《三国志》。据尾崎康考证，现存衢州本《三国志》，多为元明递修本。此本《魏志》卷一四、一九、二〇等卷末有「右修职郎衢州录事参军蔡宙校正兼监镂板」「左迪功郎衢州州学教授陆俊民校正」两行，应属南宋衢州刊本系统。后经元明递修，版心上方有「嘉靖九年补刊」「嘉靖十年补刊」等字样。可参考《第二批国家珍贵古籍名录图录》宋衢州州学刻元明递修本《三国志》（02688-02694）。

版框高二一一毫米，宽一五〇毫米，十行十九字、二十一字、二十二字等，左右双边或四周双边，单鱼尾，白口。

武帝紀第一　　魏書　　國志一

太祖武皇帝沛國譙人也姓曹諱操字孟德漢相國參之後太祖一名吉利小字阿瞞王沈魏書曰其先出於黃帝當高陽世陸終之子曰安是為曹姓周武王克殷存先世之後封曹俠於邾春秋之世與於盟會逮至戰國為楚所滅子孫分流或家于沛漢高祖之起曹參以功封平陽侯世襲爵土絕而復紹至令適嗣國於容城桓帝世曹騰為中常侍大長秋封費亭侯司馬彪續漢書曰騰父節字元偉素以仁厚稱鄰人有亡豕者與節豕相類詣門認之節不與爭後所亡豕自還其家豕主人大慙送所認豕并辭謝節節笑而受之由是鄉黨貴歎焉長子伯興次子仲興次子叔興騰字季興少除黃門從官永寧元年鄧太后詔黃門令選中黃門從官年少溫謹者配皇太子書騰應其選太子特親愛騰飲食賞賜與衆有異順帝即位為小黃門遷至中常侍大長秋在省闥三十餘年歷事四帝未嘗有過好進達賢能終無所毀傷其所稱薦若陳留虞放邊韶南

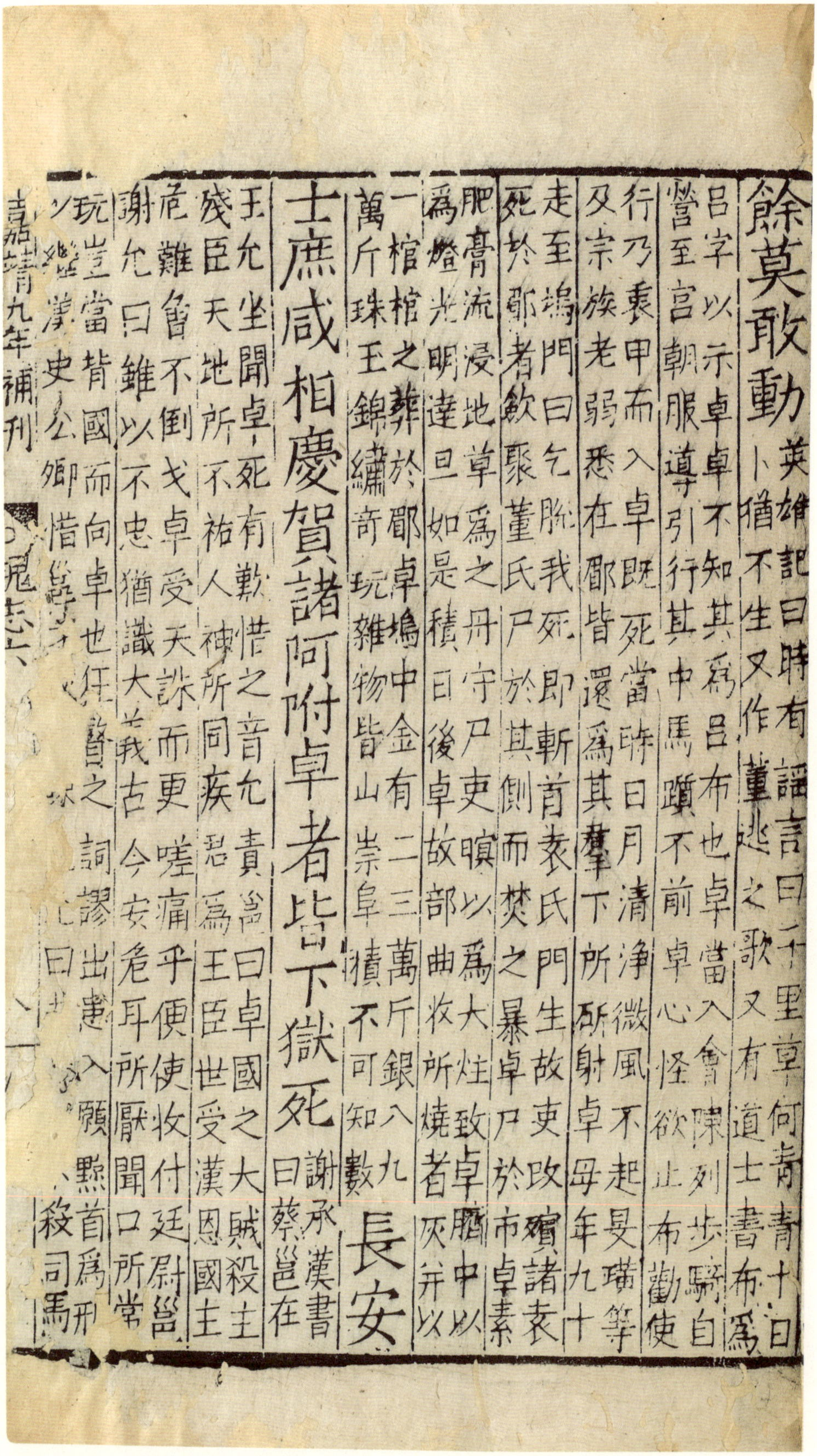

餘莫敢動英雄記曰時有謡言曰千里草何青青十日卜猶不生又作董逃之歌又有道士書布爲呂字以示卓卓不知其爲呂布也卓當入會陳列步騎自營至宫朝服導引行其中馬躓不前卓心怪欲止布勸使行乃衷甲而入卓既死當時日月清淨微風不起旻瓚等及宗族老弱悉在郿皆還爲其羣下所斫射卓母年九十走至塢門曰乞脫我死即斬首袁氏門生故吏改殯諸袁死於郿者斂聚董氏尸於其側而焚之暴卓尸於市卓素肥膏流浸地草爲之丹守尸吏瞑以爲大炷致卓臍中以爲燈光明達旦如是積日後卓故部曲收所燒者灰幷以一棺棺之葬於郿卓塢中金有二三萬斤銀八九萬斤珠玉錦繡奇玩雜物皆山崇阜積不可知數長安士庶咸相慶賀諸阿附卓者皆下獄死謝承漢書曰蔡邕在王允坐聞卓死有歎惜之音允責邕曰卓國之大賊殺主殘臣天地所不祐人神所同疾君爲王臣世受漢恩國主危難曾不倒戈卓受天誅而更嗟痛乎便使收付廷尉邕謝允曰雖以不忠猶識大義古今安危耳所厭聞口所常玩豈當背國而向卓也狂瞽之詞謬出患入願黥首爲刑以繼漢史公卿惜邕才[illegible]曰[illegible]殺司馬

嘉靖九年補刊　魏志六

申伯何足道哉今大行在前殿將軍以詔書領兵衛守可
勿入宮進納其言後更狐疑紹懼進之改變脅進曰今交
構已成形勢已露將軍何爲不早決
之事留變生後機禍至進不從遂敗
術將虎賁燒南宮
嘉德殿青瑣門欲以迫出珪等珪等不出劫帝及
帝弟陳留王走小平津紹既斬宦者所署司隸
校尉許相遂勒兵捕諸閹人無少長皆殺之或有
無鬚而誤死者至自發露形體而後得免宦者或
有行善自守而猶見及其濫如此死者二千餘人
急追珪等珪等悉赴河死帝得還宮董卓呼紹議
欲廢帝立陳留王是時紹叔父隗爲太傅紹僞許
之曰此大事出當與太傅議卓曰劉氏種不足復

三国志

晋陈寿撰 南朝宋 裴松之注 六五卷

明崇祯十七年（一六四四）汲古阁本

汲古阁，明末常熟（今属江苏）人毛晋（一五九九至一六五九）的室名。毛晋，原名凤苞，字子晋，号潜在，明末最大的藏书家和出版家。晋喜藏书，名闻远近，多宋、元旧椠，所刻书每页版心多印有「汲古阁」字样。自明万历至清初四十余年中，刻书共六百多种，在私家印书中首屈一指。

版框高二一六毫米，宽一五二毫米，十二行二十五字，左右双边，单鱼尾，白口。书中有朱、墨两色批注及「谢英鉴藏」「谢钟英印」「谢家子弟」等印章。

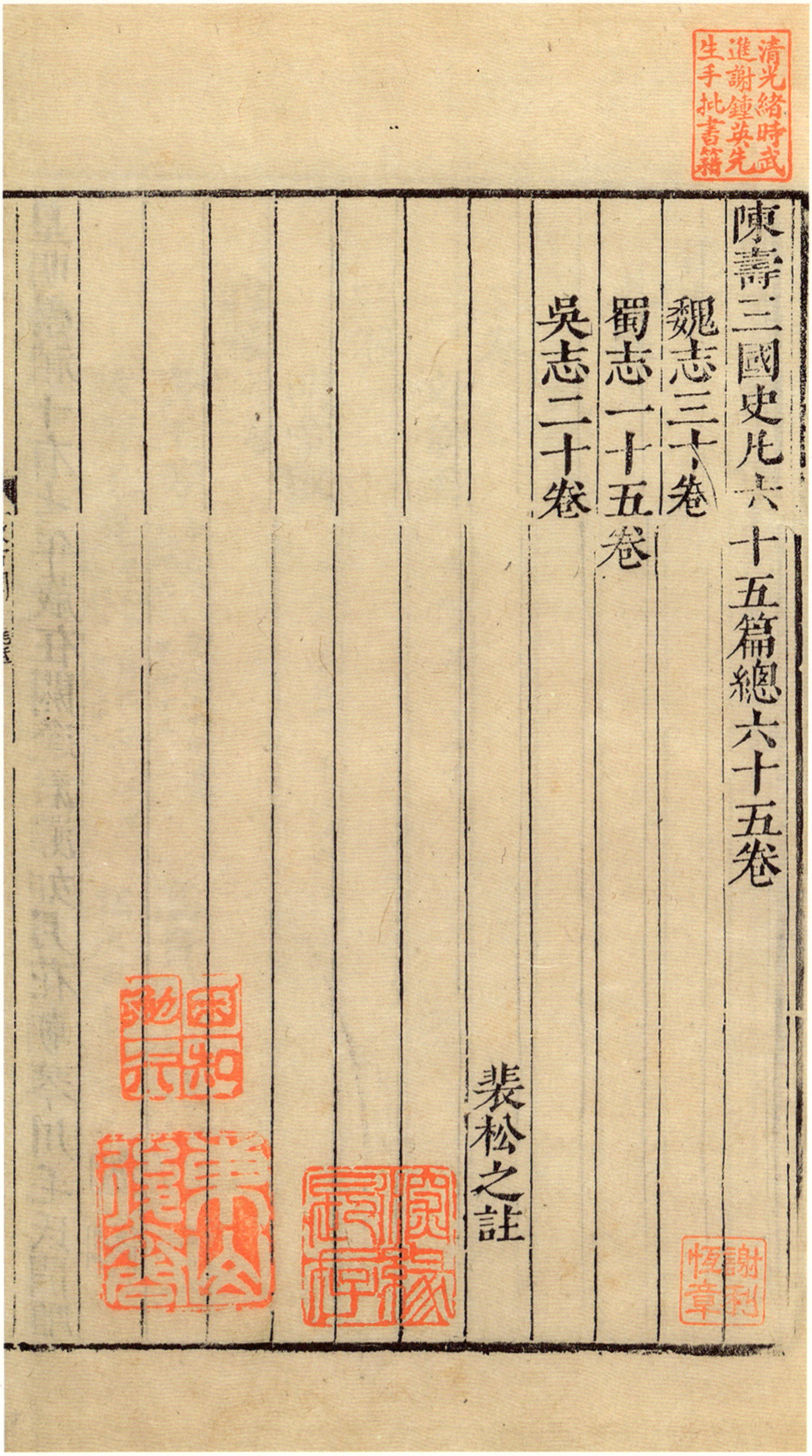

陳壽三國史凡六十五篇總六十五卷

魏志三十卷

蜀志一十五卷

吴志二十卷

裴松之註

魏書一　　三國志一

武帝紀第一

太祖武皇帝沛國譙人也姓曹諱操字孟德漢相國參之後太祖一名吉利小字阿瞞　王沈魏書曰其先出於黃帝當高陽世陸終之子曰安是爲曹姓周武王克殷存先世之後封曹俠於邾春秋之世與於盟會逮至戰國爲楚所滅子孫分流或家於沛漢高祖之起曹參以功封平陽侯世襲爵土絕而復紹至今適嗣國於容城桓帝世曹騰爲中常侍大長秋封費亭侯司馬彪續漢書曰騰父節字元偉素以仁厚稱鄰人有亡豕者與節豕相類詣門認之節不與爭後所亡豕自還其家豕主人大慙送所認豕并辭謝節節笑而受之由是鄉黨貴歎焉長子伯興次子仲興次子叔興騰字季興少除黃門從官永寧元年鄧太后詔黃門令選中黃門從官年少溫謹者配皇太子書騰應其選太子特親愛騰飲食賞賜與衆有異順帝即位爲小黃門遷至中常侍大長秋在省闥三十餘年歷事四帝未嘗有過好進達賢能終無所毀傷其所稱薦若陳留虞放邊韶南陽延固張溫弘農張奐潁川堂谿典等皆致位公卿而不伐其善蜀郡太守因計吏修敬於騰益州刺史种暠於函谷關搜得其牋上太守并奏騰內臣外交所不當爲請免官治罪帝曰牋自外來騰書不出非其罪也乃寢暠奏騰不以介意常稱歎暠以爲暠得事上之節暠後爲司徒語人曰今日爲公乃曹常侍恩也騰之行事皆此類也桓帝即位以騰先帝舊臣忠孝彰著封費亭侯加位特進太和三年追尊騰曰高皇帝養子嵩嗣官至太尉莫能審其生出本末續漢書曰嵩字巨高質性敦慎所在忠孝爲司隸校尉靈帝擢拜大司農大鴻臚代崔烈爲太尉黃初元年追尊嵩曰太皇帝吳人作曹瞞傳及郭班世語並云嵩夏侯氏之子夏侯惇之叔父太祖於惇爲從父兄弟嵩生太祖太祖少機警有權數

以弑君討卓無故又改立君是二卓也

虞在幽州故曰北面長安為日在西故曰西向

紹此時僅為一郡守并未得韓馥冀州未足爲盛哉

為東郡太守

夏侯惇等詣揚州募兵，刺史陳溫、丹陽太守周昕與兵四千餘人。還到龍亢，士卒多叛。魏書曰：兵謀叛，夜燒太祖帳，太祖手劍殺數十人，餘皆披靡，乃得出營；其不叛者五百餘人。至銍、建平，復收兵得千餘人，進屯河內。劉岱與橋瑁相惡，岱殺瑁，以王肱領東郡太守。袁紹與韓馥謀立幽州牧劉虞為帝，太祖拒之。魏書載太祖答紹曰：董卓之罪，暴於四海，吾等合大衆、興義兵而遠近莫不響應，此以義動故也。今幼主微弱，制於姦臣，未有昌邑亡國之釁，而一旦改易，天下其孰安之？諸君北面，我自西向。紹又嘗得一玉印，於太祖坐中舉向其肘，太祖由是笑而惡焉。魏書曰：太祖大笑曰：吾不聽汝也。紹復使人說太祖曰：今袁公勢盛兵彊，二子已長，天下群英，孰踰於此？太祖不應。由是益不直紹，圖誅滅之。

二年春，紹、馥遂立虞為帝，虞終不敢當。夏四月，卓還長安。秋七月，袁紹脅韓馥，取冀州。黑山賊于毒、白繞、眭固等眭申隨反十餘萬衆略魏郡、東郡，王肱不能禦，太祖引兵入東郡，擊白繞於濮陽，破之。袁紹因表太祖為東郡太守，治東武陽。

三年春，太祖軍頓丘，毒等攻東武陽。太祖乃引兵西入山，攻毒等

三国志

晋陈寿撰 南朝宋裴松之注 六五卷

中华民国十七年（一九二八）吴兴刘氏嘉业堂景宋本

嘉业堂，民国时期刘承干的藏书楼。刘承干（一八八一至一九六三），字贞一，号翰怡，浙江吴兴人。承干出生书香门第，性喜藏书，以宋元明刊本、抄校稿本见长。其于民国间曾刊刻图书多种，所刊皆孤本及罕传之本。此本《三国志》是嘉业堂著名的影宋版四史之一。

版框高二三三毫米，宽一六三毫米，十行二十二字，四周双边，黑口，三鱼尾。

武帝紀第一　　魏書　　國志一

太祖武皇帝

太祖武皇帝沛國譙人也姓曹諱操字孟德漢相國參之後太祖一名吉利小字阿瞞　王沈魏書曰其先出於黃帝當高陽世陸終之子曰安是爲曹姓周武王克殷存先世之後封曹俠於邾春秋之世與於盟會逮至戰國爲楚所滅子孫分流或家于沛漢高祖之起曹參以功封平陽侯世襲爵土絕而復紹至今適嗣國於容城桓帝世曹騰爲中常侍大長秋封費亭侯司馬彪續漢書曰騰父節字元偉素以仁厚稱鄰人有亡豕者與節豕相類詣門認之節不與爭後所亡豕自還其家豕主人大慚送所認豕幷辭謝節節笑而受之由是鄉黨貴歎焉長子伯興次子仲興次子叔興騰字季興少除黃門從官永寧元年鄧太后詔黃門令選中黃門從官年少溫謹者配皇太子書騰應其選太子特親愛騰飲食賞賜與衆有異順帝即位爲小黃門遷至中常侍大長秋在省闥三十餘年歷事四帝未嘗有過好進

晋书

唐房玄龄等撰 一三〇卷

明崇祯元年（一六二八） 汲古阁本

本书叙事自晋宣帝司马懿始，至刘裕代晋为止，记载了两晋王朝的历史。另以《载记》三〇卷兼叙十六国政权的史事。《晋书》由官方修撰，自贞观二十年（六四六）始，至二十二年（六四八）成书。房玄龄、褚遂良、许敬宗三人负责监修，实际撰写者有令狐德棻、李淳风、李延寿等人。房玄龄（五七九至六四八），名乔，字玄龄，齐州临淄（今属山东）人。

版框高二一五毫米，宽一五五毫米，十二行二十五字，左右双边，单鱼尾，白口。

晉書一

帝紀第一

宣帝

宣皇帝諱懿字仲達河內溫縣孝敬里人姓司馬氏其先出自帝高陽之子重黎爲夏官祝融歷唐虞夏商世序其職及周以夏官爲司馬其後程伯休父周宣王時以世官克平徐方錫以官族因而爲氏楚漢間司馬卬爲趙將與諸侯伐秦秦亡立爲殷王都河內漢以其地爲郡子孫遂家焉自卬八世生征西將軍鈞字叔平鈞生豫章太守量字公度量生潁川太守儁字元異儁生京兆尹防字建公帝即防之第二子也少有奇節聰朗多大略博學洽聞伏膺儒教漢末大亂常慨然有憂天下心南郡太守同郡楊俊名知人見帝未弱冠以爲非常之器尚書清河崔琰與帝兄朗善亦

宋书

南朝梁 沈约撰 一〇〇卷

明崇祯七年（一六三四）汲古阁本

沈约（四四一至五一三），字休文，吴兴武康（今属浙江）人，官至尚书令等职。本书记载了自宋武帝刘裕代晋（四二〇），至宋顺帝升明三年（四七九）萧道成建齐，六十年间的史事。书中收载有当时人奏议、书札、文章等原始材料，史料价值颇高。本书于宋代已有残佚，今本有若干篇节系据李延寿《南史》补入。

版框高二一六毫米，宽一五三毫米，十二行二十五字，左右双边，单鱼尾，白口。

宋書卷一

本紀第一

武帝上

高祖武皇帝諱裕字德輿小名寄奴彭城縣綏里人漢高帝弟楚元王交之後也交生紅懿侯富富生宗正辟彊辟彊生陽城繆侯德德生陽城節侯安民安民生陽城釐侯慶忌慶忌生陽城肅侯岑岑生宗正平平生東武城令某某生東萊太守景景生明經洽洽生博士弘弘生琅邪都尉悝悝生魏定襄太守某某生邪城令亮亮生晉北平太守膺膺生相國掾熙熙生開封令旭孫旭孫生混始過江居晉陵郡丹徒縣之京口里官至武原令混生東安太守靖靖生郡功曹翹是為皇考高祖以晉哀帝興寧元年歲次癸亥三月壬寅夜生及長身長七尺六寸風骨奇特家貧有大志不

梁书

唐 姚思廉撰 五六卷

明万历三年（一五七五） 南京国子监本

姚思廉（五五七至六三七），字简之，吴兴武康（今属浙江）人，官著作郎、弘文馆学士等职。思廉因其父姚察旧稿二十六篇续成《梁书》，内容于梁政治、军事、思想、文学等各方面有较为翔实的叙述。

版框高二一二毫米，宽一五〇毫米，十行二十一字，四周双边，双鱼尾，白口。书中有「顾颉刚藏书之记」印。

紀第一　梁書一

唐　散騎常侍　姚思廉　撰

大明南京國子監祭酒　余有丁校正

司業　周子義同校

武帝上

高祖武皇帝諱衍字叔達小字練兒南蘭陵中都里人漢相國何之後也何生酇定侯延延生侍中彪彪生公府掾章章生皓皓生仰仰生太傅望之望之生光祿大夫育育生御史中丞紹紹生光祿勳閎閎生濟陰太守闡闡生吳郡太守冰冰生中山相苞苞生博士周周生

梁书

唐 姚思廉撰 五六卷
明崇祯六年（一六三三） 汲古阁本

版框高二一五毫米，宽一五三毫米，十二行二十五字，左右双边，单鱼尾，白口。

梁書卷一

帝紀第一

武帝上

高祖武皇帝諱衍字叔達小字練兒南蘭陵中都里人漢相國何之後也何生酇定侯延延生侍中彪彪生公府掾章章生皓皓生仰仰生太傅望之望之生光祿大夫育育生御史中丞紹紹生光祿勳閎閎生濟陰太守闡闡生吳郡太守冰冰生中山相苞苞生博士周周生蛇丘長矯矯生州從事逵逵生孝廉休休生廣陵郡丞豹豹生太中大夫裔裔生淮陰令整整生濟陰太守鎋鎋生州治中副子副子生南臺治書道賜道賜生皇考諱順之齊高帝族弟也參預佐命封臨湘縣侯歷官侍中衛尉太子詹事領軍將軍丹陽尹贈鎮北將軍高祖以宋孝武大明八年甲辰歲生于秣陵

后周书

唐 令狐德棻等撰 五〇卷

明崇祯五年（一六三二） 汲古阁本

令狐德棻（五八三至六六六），唐宜州华原（今陕西耀县）人，曾参与《艺文类聚》《五代史志》《晋书》等多部书籍的编纂。书成于唐贞观十年（六三六），记载西魏文帝大统元年（五三五）至北周静帝大定元年（五八一）间西魏、北周史事。书中有关当时兵制、税收、田制等方面的记载，有重要的史料价值。

版框高二一四毫米，宽一五三毫米，十二行二十五字，左右双边，单鱼尾，白口。

周書卷一

帝紀一

文帝上

太祖文皇帝姓宇文氏諱泰字黑獺代武川人也其先出自炎帝神農氏爲黃帝所滅子孫遯居朔野有葛烏菟者雄武多筭略鮮卑慕之奉以爲主遂總十二部落世爲大人其後曰普回因狩得玉璽三紐有文曰皇帝璽普回心異之以爲天授其俗謂天曰宇謂君曰文因號宇文國并以爲氏焉普回子莫那自陰山南徙始居遼西是曰獻侯爲魏舅生之國九世至侯豆歸爲慕容晃所滅其子陵仕燕拜駙馬都尉封玄菟公魏道武將攻中山陵從慕容寶禦之寶敗陵率甲騎五百歸魏拜都牧主賜爵安定侯天興初徙豪傑於代都陵隨例遷武川焉陵生系系生韜並以武略稱韜

隋书

唐 魏征等撰 八五卷 存五〇卷

元刻明递修本

魏征（五八〇至六四三），字玄成，唐初名相。《隋书》记隋文帝开皇元年（五八一）至炀帝大业十四年（六一八）共三十八年历史。《隋书·经籍志》对萧梁至隋代的典籍存佚情况进行了全面清理，其所确立的经、史、子、集四部分类法，在中国古代目录学史上具有重要地位。

版框高二一三毫米，宽一六三毫米，十行二十二字，四周双边或左右双边，鱼尾有单、双、三多种样式，黑口。版心上方有「尧学」「路学」「正德十年」「嘉靖八年补刊」「嘉靖十年刊」等字样。版心下方偶有刻工姓名。

帝紀第一　　　　隋書一

高祖上　　特進臣魏徵上

高祖文皇帝姓楊氏諱堅弘農郡華陰人也漢太尉震八代孫鉉仕燕為北平太守鉉生元壽後魏代為武川鎮司馬子孫因家焉元壽生太原太守惠嘏嘏生平原太守烈烈生寧遠將軍禎禎生忠忠即皇考也皇考從周太祖起義關西賜姓普六茹氏位至柱國大司空隋國公薨贈太保謚曰桓皇妣呂氏以大統七年六月癸丑夜生高祖於馮翊般若寺紫氣充庭有尼來自河東謂皇妣曰此兒所從來甚異不可於俗間處之尼將高祖舍於別館躬自撫

南史

唐 李延寿撰 八〇卷

明崇祯十三年（一六四〇）汲古阁本

李延寿，字遐龄，相州（今属河南）人，唐初史学家，曾先后参与《隋书》《晋书》等官修史书的编撰工作。延寿承继其父之志，综合南北朝各家史书，改编成《南史》《北史》。《南史》起自宋武帝永初元年（四二〇），终陈后主祯明三年（五八九），记述南朝宋、齐、梁、陈四朝历史。书成于唐高宗时期，是研究南朝史事的重要参考资料。

版框高二一五毫米，宽一五二毫米，十二行二十五字，左右双边，单鱼尾，白口。

南史卷一

宋本紀上第一

武帝

少帝

宋高祖武皇帝諱裕字德輿小字寄奴彭城縣綏輿里人姓劉氏漢楚元王交之二十一世孫也彭城楚都故苗裔家焉晉氏東遷劉氏移居晉陵丹徒之京口里皇祖靖晉東安太守皇考翹字顯宗郡功曹帝以晉哀帝興寧元年歲在癸亥三月壬寅夜生神光照室盡明是夕甘露降于墓樹及長雄傑有大度身長七尺六寸風骨奇偉不事廉隅小節奉繼母以孝聞嘗游京口竹林寺獨臥講堂前上有五色龍章衆僧見之驚以白帝帝獨喜曰上人無妄言皇考墓在丹徒之候山其地秦史所謂曲阿丹徒間有天子氣

北史

唐 李延寿撰 一〇〇卷

明崇祯十二年（一六三九）汲古阁本

《北史》记事起自北魏道武帝登国元年（三八六），终隋恭帝义宁二年（六一八），记述北魏、北齐（包括东魏）、周（包括西魏）、隋四个政权共二百三十三年的历史。《北史》以西魏为正统，强调唐与周、隋的继承关系，内容于北朝诸史颇有增删。

版框高二一五毫米，宽一五四毫米，十二行二十五字，左右双边，单鱼尾，白口。

北史卷一

魏本紀第一

魏之先出自黄帝軒轅氏黄帝子曰昌意昌意之少子受封北國有大鮮卑山因以爲號其後世爲君長統幽都之北廣漠之野畜牧遷徙射獵爲業淳樸爲俗簡易爲化不爲文字刻木結繩而已時事遠近人相傳授如史官之紀録焉黄帝以土德王北俗謂土爲托謂后爲跋故以爲氏其裔始均仕堯時逐女魃於弱水北人賴其勲舜命爲田祖歷三代至秦漢獯鬻獫狁山戎匈奴之屬累代作害中州而始均之裔不交南夏是以載籍無聞積六七十代至成皇帝諱毛立統國三十六大姓九十九威振北方成帝崩節皇帝貸立節帝崩莊皇帝觀立莊帝崩明皇帝樓立明帝崩安皇帝越立安帝崩宣皇帝推寅立宣帝南遷大澤方千餘里厥土昏

旧五代史

宋 薛居正等撰 一五〇卷

民国吴兴刘氏嘉业堂依据四明卢址抱经楼旧抄本校勘本

薛居正（九一二至九八一），字子平，开封浚仪（今属河南）人。其于宋初主持修订《五代史》，保存了以五代《实录》为主的五代各朝基本史实和原始文献。此书原名《五代史》，为区别于欧阳修所撰《五代史记》，改称《旧五代史》。南宋后此书流传渐微，约在明清之际亡佚。今所见者为清代学者邵晋涵从《永乐大典》等书中辑出的，是「二十四史」中唯一的辑佚本。

版框高二一八毫米，宽一五五毫米，十行二十一字，左右双边，单鱼尾，白口。

吴興劉氏嘉業堂
依四明盧抱經樓
舊鈔本校刊

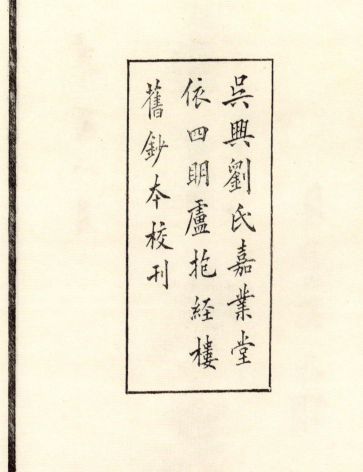

多羅質郡王臣永瑢等謹

奏爲舊五代史編次成書恭呈

御覽事臣等伏案薛居正等所修五代史原由官撰成自宋初以一百五十卷之書括八姓十三主之事具有本末可爲鑒觀雖值一時風會之衰體格尙沿於冗弱而垂千古廢興之迹異同足備夫參稽故以楊大年之淹通司馬光之精確無不資其賅貫據以編摩求諸列朝正史之間寔亦劉昫舊書之比乃徵唐事者並傳天福之本而考五代者惟行歐陽之書致此逸文寖成墜簡閱沉淪之已久

一

舊五代史卷一

宋司空同中書門下平章事薛居正等撰

太祖紀第一

（案薛史本紀永樂大典所載俱全獨梁太祖紀原帙已佚其散見於各韻者僅得六十八條參以通鑑考異通鑑注所徵引者又得二十一條本末不具未能綴輯成篇考册府元龜閏位部所錄朱梁事蹟皆本之薛史原文首尾頗詳按條採掇尚可彙萃謹依前人取魏澹書高氏小史補北魏書闕篇之例采册府元龜梁太祖事編年系日次第編排以補其闕庶幾畧還薛史之舊仍于各條下注明原書卷第以備參核焉）

梁書一

太祖神武元聖孝皇帝姓朱氏諱晃本名温（永樂大典卷八千六百八十七）宋州碭山人其先舜司徒虎之後高祖黯曾祖茂琳祖信父誠帝即誠之第三子母曰文惠王皇后（册府元龜）

五代史记

宋 欧阳修撰 徐无党注 七四卷

明万历四年（一五六七）南京国子监刻清递修本

《五代史记》又称《新五代史》，记载了自后梁开平元年（九〇七）至后周显德七年（九六〇）共五十三年的历史。欧阳修（一〇〇七至一〇七二），字永叔，江西庐陵（今吉安）人。此书打破了朝代的界限，把五朝的本纪、列传综合在一起，依时间的先后进行编排。并以孔子编撰《春秋》的「义例」，作为立论的原则。徐无党因此书仿春秋大义而失之简略，为之作注以阐明义例。徐无党，宋永康（今属浙江）人，政和殿学士。

版框高二一〇毫米，宽一四九毫米，十行二十一字，四周双边，双鱼尾，白口。版心上方有「顺治十五年刊」「康熙二十年补刊」「康熙三十九年刊」等字样。

五代史記卷第一

歐陽脩撰
徐無黨注
大明南京國子監祭酒余有丁
司業周子義校刊

梁本紀第一

本紀因舊以爲名本原其所始起而紀次其事與時也即位以前其事詳原本其所自來故曲而備之見其起之有漸有暴也即位以後其事畧居尊任重所責者大故所書者簡惟簡乃可立法

太祖神武元聖孝皇帝姓朱氏宋州碭山午溝里人也其父誠以五經教授鄉里生三子曰全昱存温變諱某書名義

萬曆四年刊　五代史卷一　一

十二月李罕之以潞州來降二年幽州劉仁恭攻魏羅紹威來求救王救魏敗仁恭于內黃四月遣氏叔琮攻晉太原不克七月李克用取澤潞十一月保義軍亂殺其節度使王珙推其牙將李璠爲留後其將朱簡殺璠來降以簡爲保義軍節度使三年四月遣葛從周攻劉仁恭之滄州取其德州及仁恭戰于老鴉堤大敗之八月晉取洺州王如洺州復取之是時鎮定皆附于晉遂攻鎮州破臨城王鎔來送款進攻定州王郜奔于晉其將王處直以定州降唐宦者劉季述作亂天子幽于東宮天復元年正月護駕都頭孫德昭誅季述天子復立

爲教也勤而不怠緩而不迫欲民漸習而自趨之至於久而安以成俗也然民之無知習見善則安於爲善習見惡則安於爲惡五代之亂其來遠矣自唐之衰干戈饑饉父不得育其子子不得養其親其始也骨肉不能相保蓋出于不幸因之禮義日以廢恩愛日以薄其習久而遂以大壞至於父子之間自相賊害五代之際其禍亂不可勝道也夫人情莫不共知愛其親莫不共知惡於不孝然彥珣彎弓射其母高祖從而赦之非徒彥珣不自知爲大惡而高祖亦安焉不以爲怪也豈非積習之久而至於是歟語曰性相近習相遠至其極也使

臣聞建疾皆不得入見久之宗弼等排闥入言文扆欲
爲變乃殺之建因以謂老將大臣多許昌故人必不爲
太子用思擇人未得而疾亟乃以宦者宋光嗣爲樞密
使判六軍而建卒太子立去宗名衍
衍字化源建十一子曰衛王宗仁簡王元膺趙王宗紀
豳王宗輅韓王宗智莒王宗特信王宗傑魯王宗鼎興
王宗澤薛王宗平而鄭王宗衍最幼其母徐賢妃也以
母寵得立爲皇太子開崇賢府置官屬後更曰天策府
衍爲人方頤大口垂手過膝顧目見耳頗知學問能爲
浮豔之詞元膺死建以豳王宗輅貌類已信王宗傑於

一田夫爾遭時之亂蒙天子厚恩至此欲以兩州百里之地行大事覆族之禍吾不忍見不如先死因泣下歔欷李茂貞梁太祖皆欲發兵迎天子建稍恐懼乃止光化元年昭宗還長安自爲建畫像封建潁川郡王賜以鐵券建辭王爵乃封建許國公梁太祖以兵嚮長安遣張存敬攻同州建判官司馬鄴以城降太祖使鄴召建建乃出降太祖責建背己建曰判官李巨川之謀也太祖怒卽殺巨川以建從行昭宗東遷建從至洛昭宗舉酒屬太祖與建曰遷都之後國步小康社稷安危繫卿兩人次何皇后舉觴建躡太祖足太祖乃陽醉去建出

五代史记

宋 欧阳修撰 徐无党注 七四卷
清刻本

版框高一七一毫米，宽一一八毫米，十二行二十二字，左右双边，单鱼尾，白口。书中有「墨巢居士」「硕果亭」印章。

五代史記卷第一

歐陽　脩　撰

徐　無黨　注

梁本紀第一

本紀因舊以爲名本原其所始起而紀次其事以時也即位以前其事詳原本其所自來故曲而備之見其起之有漸有暴也即位以後其事略居尊任重所責者大故所書者簡惟簡乃可立法

太祖神武元聖孝皇帝姓朱氏宋州碭山午溝里人也其父誠以五經教授鄉里生三子曰全昱存溫變諱某書名義在稱王注中誠卒三子貧不能爲生與其母傭食蕭縣人劉崇家全昱無他材能然爲人頗長者存溫勇有力而溫尤兇悍僖宗乾符四年黃巢起曹濮存溫亡入賊中巢攻嶺南存戰死巢陷京師以溫爲東南面行營先鋒使攻陷同州以爲同

五代史记

宋 欧阳修撰 徐无党注 七四卷

清刻本

版框高二〇五毫米，宽一五二毫米，十行二十一字，左右双边，单鱼尾，白口。

五代史記卷第一

廬陵歐陽脩撰　徐無黨原注
南昌彭元瑞注　劉鳳誥排次

梁本紀第一

原注本紀因舊以爲名本原其所始起而紀次其事與時也即位以前其事詳原本其所自來故曲而備之見其起之有漸有暴也即位以後其事略居尊任重所責者大故所書者簡惟簡乃可立法

太祖神武元聖孝皇帝姓朱氏宋州碭山午溝里人也其父誠五代史太祖神武元聖孝皇帝姓朱氏諱晃本名溫宋州碭山人其先舜司徒虎之後高祖黯曾祖茂琳祖信父誠帝即誠之第三子母曰文惠王皇后以唐大中六年歲在壬申十月二十一日夜生于碭山縣午溝里是夕所居廬舍之上有赤氣上騰里人望之皆驚奔而來曰朱家火發矣及至則廬舍儼然既入

宋史

元 脱脱等撰 四九六卷 存卷三八至四二
明成化刻嘉靖万历递修本

脱脱（一三一四至一三五五），字大用，元顺帝时任丞相，主持修撰宋、辽、金三史。《宋史》共四九六卷，是二十四史中最庞大的一部官修史书。全书基本保存了宋朝国史的原貌，对宋代的政治、经济、军事、文化、民族关系、典章制度等方面有较为详尽的记载，是研究两宋三百多年历史的基本史料。

版框高二〇七毫米，宽一五五毫米，十行二十字。版心上方有「嘉靖丙辰年」「万历二十五补刊」字样。版心下方有「监生张炤刊」字样。封面有「古歙潜水德胜程氏珍藏」印章。

本紀卷第三十八　　宋史三十八

開府儀同三司上柱國錄軍國重事中書右丞相監修國史領經筵事都總裁

等脩

寧宗二

嘉泰元年春正月戊午，申嚴福建科鹽之禁。壬戌，謝深甫等薦士三十有五人，詔籍名中書以待選擢。丁卯，命諸路鈐轄閱諸州兵士，毋受饋遺及擅招軍。壹者冒諸法寺。庚午，以葛邲配饗光宗廟庭。丙子，金遣完顏充來弔祭。二月戊子，詔求明曆之士。壬辰，開習善堂。遣俞烈使金報謝。癸巳，監察御史施康年劾少傳龜

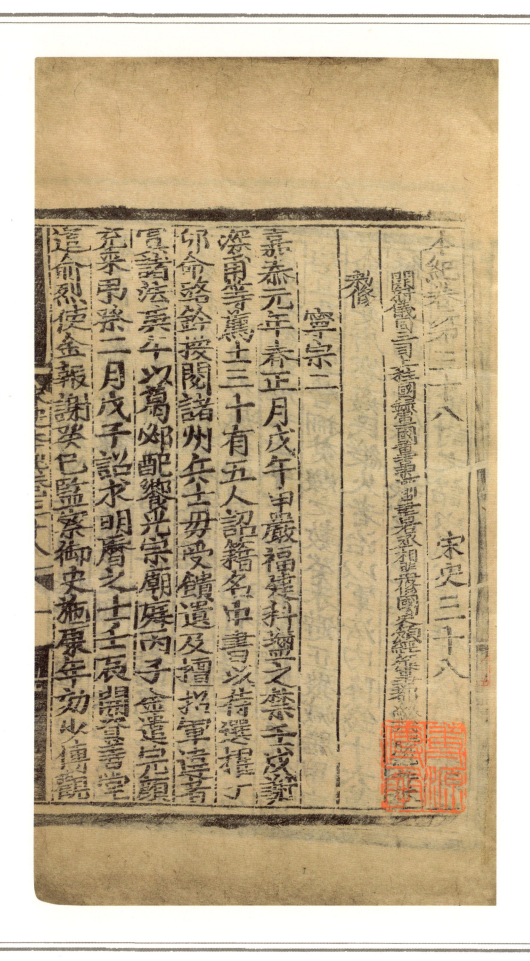

午命兩淮諸州以仲冬教閲民兵萬弩手丁未大風
戊申龍州蕃部出降壬子金遣完顔奕來賀瑞慶節
十一月壬申上光宗冊寶于太廟癸酉朝獻于景靈
宮甲戌朝饗于太廟乙亥祀天地于圜丘大赦癸未
大風己丑安定郡王子靚薨更定選人薦舉改官法
庚寅復置福田居養院命諸路提舉常平司主之十
二月丙辰命四川提舉茶馬通治茶馬事辛酉下詔
戒敕將帥掊克金遣獨古思忠來賀明年正旦是冬
金國多難懼朝廷乘其隙沿邊聚糧增戍且禁襄陽
榷場邊釁之開蓋自此始

四年春正月乙亥大風濟天長縣濠癸未日中有
子壬辰雨雹瓊州西浮洞黎軍作亂寇掠文昌縣遣
兵討平之二月丁酉置莊文太子府小學教授辛亥
命內外諸軍射鐵帖轉資壬子蠲臨安府逋負酒税
己未立試刑法避親格庚申夜有赤氣亘天三月丁
卯臨安大火迫太廟權奉神主于景靈宮己巳避正
殿減膳命臨安府振被焚室家辛未詔修太廟甲戌下詔
罪己乙亥詔百官疏陳時政闕失丙寅復御正殿夏
四月甲午朔立韓世忠廟于鎮江府命內外諸軍詳
度純隊法甲辰許攻之罷振恤江西水旱州縣乙巳

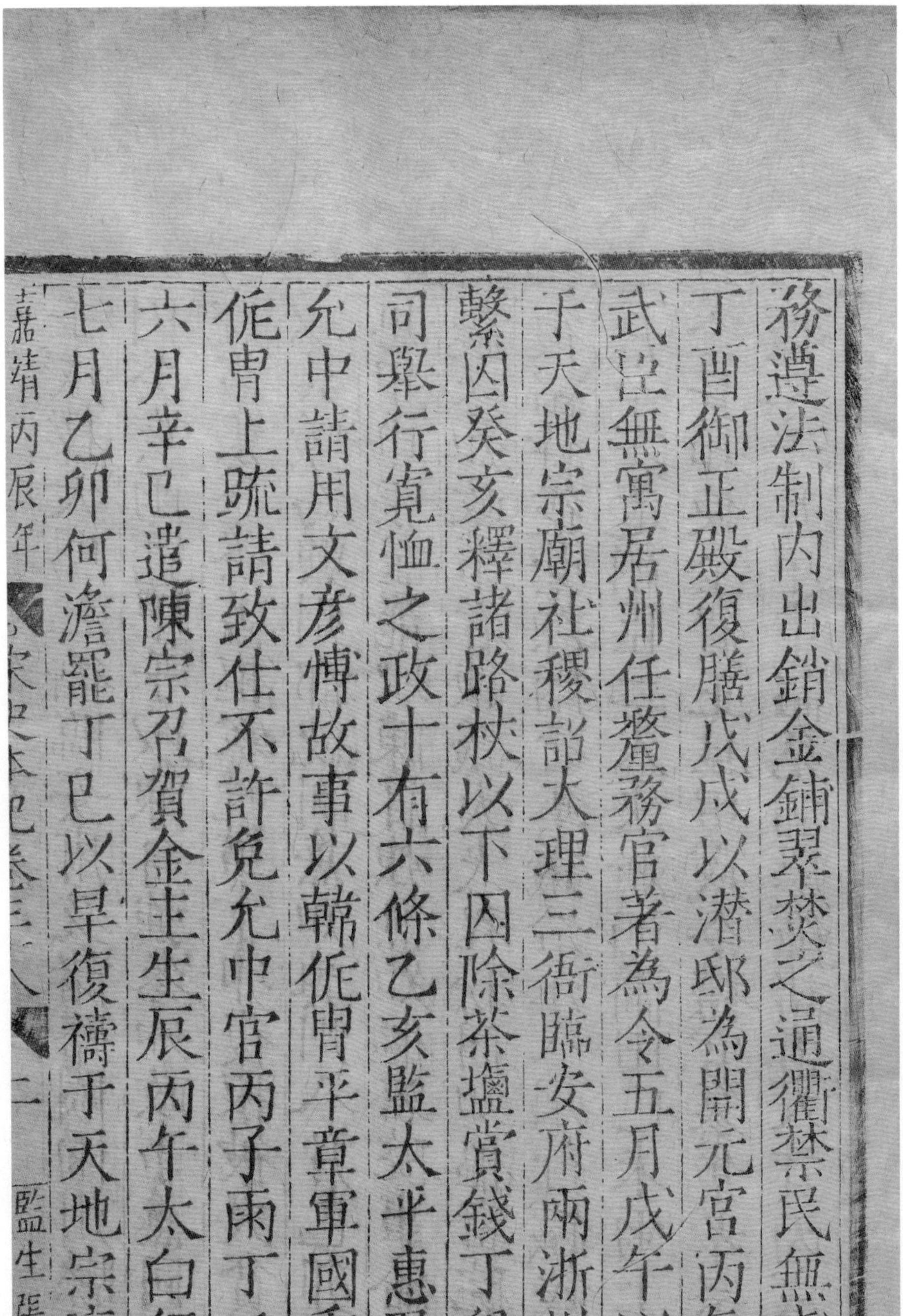
務遵法制內出銷金鋪翠焚之通衢禁民無或服用
丁酉御正殿復膳戊戌以潛邸為開元宮丙午詔文
武臣無寓居州任釐務官者為令五月戊午以旱禱
于天地宗廟社稷詔大理三衙臨安府兩浙州縣決
繫囚癸亥釋諸路杖以下囚除茶鹽賞錢丁卯命有
司舉行寬恤之政十有六條乙亥監太平惠民局夏
允中請用文彥博故事以韓侂胄平章軍國重事韓
侂胄上疏請致仕不許免允中官丙子雨丁丑雨雹
六月辛巳遣陳宗召賀金主生辰丙午太白經天秋
七月乙卯何澹罷丁巳以旱復禱于天地宗廟社稷

嘉靖丙辰年　宋史本紀卷三十八　二　監生張炤刊

金銀器二百兩銀三百兩緡錢一萬餘將士依等第
轉官給金銀符錢帛有差詔命詞給告身付之
九年春正月乙巳孟啓授慶遠軍節度使進封益國
公庚申詔周世宗八世孫柴彦穎補承務郎襲封崇
義公辛酉詔兩淮京湖沿江曠土軍民從便耕種秋
成日官不分收制帥嚴勸諭覺察癸亥詔給官田五伯
畝命臨安府創慈幼局收養道路遺棄初生嬰兒仍
置藥局療貧民疾苦乙丑雨雹丁卯許應龍薨己巳
范鍾薨贈少保謚文肅辛未詔以官田三百畝給表
忠觀旌錢氏功德仍禁樵採閏二月甲辰以鄭清之

宋史

元 脱脱等撰 四九六卷 存卷一三六至一三八

清乾隆四年（一七三九） 武英殿聚珍本

版框高二一七毫米，宽一五〇毫米，十行二十一字，四周单边，单鱼尾，白口。书中有「乾隆御览之宝」「双鉴楼珍藏印」「蔡鼎彝章」「淇园图书」等印章。

宋史卷一百三十六

元中書右丞相總裁脫脫等修

樂志第八十九

樂十一　樂章六

祀嶽鎮海瀆　祀大火
祀大辰

大中祥符五嶽加帝號祭告八首

迎神靜安　鐘石既作俎豆在前雲旗飛揚神光肅然當駕飈歘來乎青圓言備縟禮享茲吉蠲

冊入門正安　節彼喬嶽神明之府秩秩威儀肅肅靈宇懿號克崇庶物咸覩帝籍升名式綏九土

金史

元 脱脱等撰 一三五卷 存卷九九至一一三
明万历三十四年（一六〇六）北京国子监刻本

本书详述了上起金太祖收国元年（一一一五），下至金哀宗天兴三年（一二三四）蒙古灭金一百二十年的历史。元修《金史》是在前人基础上加工整理的，所据史料主要有金代《实录》、王鹗《金史》等，故《金史》乃宋、辽、金三史中编撰得最好的一部。本书系统地记载了女真族的发展历史，尤其是女真及各族早期的情况，多不见于其他史籍。

版框高二三〇毫米，宽一五一毫米，十行二十一字，左右双边，单鱼尾，白口。封面钤印「谷邑文会堂德记自在江浙苏闵拣选古今书籍图」。正文有朱笔句读。

金史卷九十九　　列傳第三十七

元開府儀同三司上柱國前中書右丞相兼修國史都總裁脫脫修

皇明奉直大夫右春坊右諭德兼翰林院侍講署國子監事臣李騰芳等奉

勑重較刊

皇明朝列大夫國子監祭酒臣吳士元

承德郎司業仍加俸一級臣黃錦等奉

旨重修

徒單鎰　賈鉉　孫鐸

孫即康　李革

徒單鎰本名按出上京路速速保子猛安人父烏輦北京副留守鎰穎悟絕倫甫七歲習女直字大定四年詔以女直字譯書籍五年翰林侍講學士徒單子溫進所

元史

明 宋濂等撰 二一〇卷 存卷四〇、四一
明刻本

明洪武二年（一三六九），以李善长为监修，宋濂、王祎为总裁编撰《元史》，次年续撰顺帝一朝并加接合厘订，遂成此编。书中记录铁木真称成吉思汗（一二〇六）至元顺帝北奔（一三六八）一百六十年间蒙古帝国和元朝历史。《元史》的编修，主要是照抄元代各朝《实录》《经世大典》《功臣列传》等官修典籍，并加以删节，保留了不少现已失传的元代文献材料。由于《元史》仓促成书，且出于众手，在编撰方面有不少谬误。《元史》最早的版本是洪武三年刻本。

版框高二六五毫米，宽一七二毫米，十行二十字，四周双边，双鱼尾，黑口。

紀卷第四十　　元史四十

翰林學士亞中大夫知制誥兼修國史臣宋濂翰林待制承直郎同知制誥兼國史院編修官臣王禕等奉

勑修

順帝三

五年春正月癸亥禁濫予僧人名爵庚午太陰犯井宿乙亥熒惑犯天江濮州鄄城范縣饑賑鈔二千一百八十錠真寧路交城等縣饑賑米七千石桓州饑賑鈔二千錠雲需府饑賑鈔五千錠開平縣饑賑米兩月興和寶昌等處饑賑鈔萬五千錠二月庚寅信州雨土甲午太陰犯昴宿戊戌祭社稷庚子免廣海

元史

明 宋濂等撰 二一〇卷 存卷六二
明洪武三年（一三七〇）内府刻本

版框高二六〇毫米，宽一七四毫米，十行二十字，四周双边，双鱼尾，黑口。

志卷第十四　　元史六十二

翰林學士亞中大夫知制誥兼修國史臣宋濂　翰林待制承直郎兼國史院編修官臣王禕等奉

勅修

地理五

江浙等處行中書省為路三十府一州二屬州二十六屬縣一百四十三（本省陸站一百八十處水站八十二處）

江南浙西道肅政廉訪司

杭州路上唐初為杭州後改餘杭郡又仍為杭州五代錢鏐據兩浙號吳越國宋高宗南渡都之為臨安府元至元十三年平江南立兩浙都督府又

元史

明宋濂等撰 二一〇卷 存卷一七九、一八〇

明刻本

版框高二五三毫米，宽一七四毫米，十行二十字，四周双边，双鱼尾，白口。

星甲辰子爲元會運世之數無朔虛無閏餘率以三百六十爲歲而天地之盈虛百物之消長不能出乎其中矣論閉物開物則曰開於巳閉於戌五天之中也六地之中也戊巳月之中星也又分卦配之紀年金之大定庚寅交小過之初六國朝之甲寅三月二十有三日寅時交小過之九四多先儒所未發掇其要著于篇云

張特立字文舉東明人初名永避金衛紹王諱易今名中泰和進士爲偃師主簿改宣德州司候州多金國戚號難治特立至官但往謁之有五將軍率家奴

元史

明宋濂等撰　二一〇卷　存卷一八四至一八八

明洪武三年（一三七〇）内府刻嘉靖递修本

版框高二五三毫米，宽一七五毫米，十行二十字，四周双边，双鱼尾，黑口。版心上方有「嘉靖九年补刊」「嘉靖十年刊」「嘉靖十年补刊」字样。

傳卷第七十一　元史一百八十四

翰林學士亞中大夫知制誥兼修國史臣宋濂　翰林待制承直郎同知制誥兼國史院編修官臣王褘等奉

勅修

王都中

王都中字元俞福之福寧州人父積翁仕宋為寶章閣學士福建制置使至元十三年宋主納土乃以全閩八郡圖籍來入覲世祖於上京降金虎符授中奉大夫刑部尚書福建道宣慰使兼提刑按察使尋除參知政事行省江西俄以為國信使宣諭日本至其境遇害于海上都中生三歲即以恩授從仕郎南劍

廣弟子急欲得師財且苦其箠楚潛往他僧所殺之
明日訴官他僧不勝考掠乃誣服三經審録詞無異
結按待報澤民取行兇刀視之刃上有鐵工姓名召
工問之乃其弟子刀也一訊吐實即械之而出他僧
人驚以爲神調濟寧路兗州知州孔子後衍聖公襲
封職三品澤民建議以謂宜陞其品秩以示褒崇宣
聖之意廷議從之至正三年朝廷修遼金宋史召澤
民赴闕除國子司業與修史書成遷集賢直學士階
太中大夫未兩月即移書告老大學士和尚曰集賢
翰林實養老尊賢之地先生何爲遽去願少留以副

嘉靖九年刊

討之暘曰易軍而將不諳教令恐不能決勝若命暘就統其衆彼悦於恩命必能自効所謂以夷狄攻夷狄中國之利也帝不從後竟無功八年陞左司員外郎中書用暘言損河間餘鹽五萬引以裕民楮幣壅不行廷議出楮幣五百萬錠易銀實內藏暘復持不可曰富商大賈盡易其鈔於私家小民何利哉六月遷參議樞密院事時方國珍未附詔江浙行省參知政事朶兒只丹討之一軍皆没而朶兒只丹被執將罪之暘曰將之失利其罪固當然所部皆北方步騎不習水戰是驅之死地耳宜募海濱之民習水利者

元史

明宋濂等撰 二一〇卷 存卷一七四、一七五

明刻明清递修本

版框高二五五毫米，宽一六八毫米，十行二十字，四周双边，双鱼尾，白口。

书中每页有递修时间。版心上方有「嘉靖十年刊」「天启三年刊」「崇祯十年南厢刊」「顺治十五年刊」「顺治十六年刊」「康熙二十五年」字样，版心下方有「上元学训导陆襘补刊」字样。

傳卷第六十一　　元史一百七十四

翰林學士亞中大夫知制誥兼修國史臣宋濂翰林待制承直郎同知制誥兼國史院編修官臣王禕等奉

勑修

姚燧

姚燧字端甫世系見燧伯父樞傳父格燧生三歲而孤育於伯父樞樞隱居蘇門謂燧蒙暗教督之甚急燧不能堪楊奐馳書止之曰燧令器也長自有成尔何以急爲且許醮以女年十三見許衡於蘇門十八始受學於長安時未甞爲文視流輩所作惟見其不如古人則心弗是也二十四始讀韓退之文試習爲

順治十六年刊

三年六年七月帝憶珪生日賜上尊御衣至治二年英宗召見於易水之上曰四世舊臣朕將畀卿以政珪辭歸遣近臣設醴丞相拜住問珪曰宰相之體何先珪曰莫先於格君心莫急於廣言路是年冬起珪爲集賢大學士先是鐵木迭兒既復爲丞相以私怨殺平章蕭拜住御史中丞楊朶兒只上都留守賀伯顏大小之臣不能自保會地震風烈勑廷臣集議弭灾之道珪抗言於坐曰弭灾當究其所以致灾者漢殺孝婦三年不雨蕭楊賀冤死非致沴之端乎死者固不可復生而情義猶可昭白母使朝廷終失之也

比者也先鐵木兒之徒遇朱氏醫妻女故省門外强
拽以入姦宿館所事聞有司以扈從上都為解竟不
就鞫輦轂之下肆惡無忌京民憤駭何以取則四方
臣等議宜遵世祖成憲以姦人命有司鞫之臣等又
議天下囚繫冤滯不無方今盛夏宜命省臺遴官審
錄結正重刑疏決輕繫疑者申聞詳讞邊鎮利病宜
命行省行臺體究興除廣海鎮戍卒更病者給粥食
藥力死者人給鈔二十五貫責所司及同鄉者歸骨
於其家歲貢方物有常制廣州東莞縣大步海及惠
州珠池始自大德元年姦民劉進程連言利分蜑戶

敬儼字威卿其先河東人後徙易水五世祖嗣徽仕
金官至參知政事曾祖子淵樂陵令祖鑑同知嵩州
事皆以進士起家父元長有學行官至太常博士儼
其仲子也幼不爲嬉戲事長嗜學善屬文御史中丞
郭良弼其爲殿中知班薦憲章若干卷受知於廣平
王月呂祿郡演連辟太傅太師兩府掾調高郵縣尹
未赴選充中書省掾朱清張瑄爲海運萬戶豪縱不
法適儼典其文牘嘗致厚賂儼怒拒之二人以罪伏
誅權貴多以賄敗連坐獨儼不與大德二年授吏部

嘉靖十年刊　元史列傳卷六十二　二十五

御史體勘其餘有冤抑者具實以聞政出多門占人
所戒令內外增置官署員冗奉濫白丁驟陞出身入
流壅塞日甚軍民俱蒙其害夫爲治之要莫先於安
民安民之道莫急於除濫費汰冗員世祖設官分職
俱有定制至元三十年已後改陞剏設日積月增雖
嘗奉旨取勘減降近侍各私其署夤緣保祿姑息中
止至英宗時始銳然減罷崇祥壽福院之屬十有三
署徽政院斷事官江淮財賦之屬六十餘署不幸遭
罹大故未竟其餘比奉詔凡事悉遵世祖成憲若復
循常取勘調虛文延歲月必無實效卽與詔旨異矣

新元史

柯劭忞著 卷二五七
民国 徐氏退耕堂刻本

柯劭忞（一八四八至一九三三），字凤荪，号蓼园，胶州（今山东胶县）人。光绪进士，曾任清史馆总纂等职。劭忞素有研究元史之志，《新元史》为其主要成果。书成于民国九年（一九二〇），次年，北洋政府将此书列为「正史」。

退耕堂，徐世昌书斋名。徐世昌（一八五五至一九三九），字卜五，号菊人，天津市人。光绪进士，历任兵部尚书、军机大臣等职，民国七年（一九一八）被选为大总统。家富藏书，长于刻书且方式多样。

版框高二二二毫米，宽一五七毫米。十行二十一字，左右双边，单鱼尾，白口。

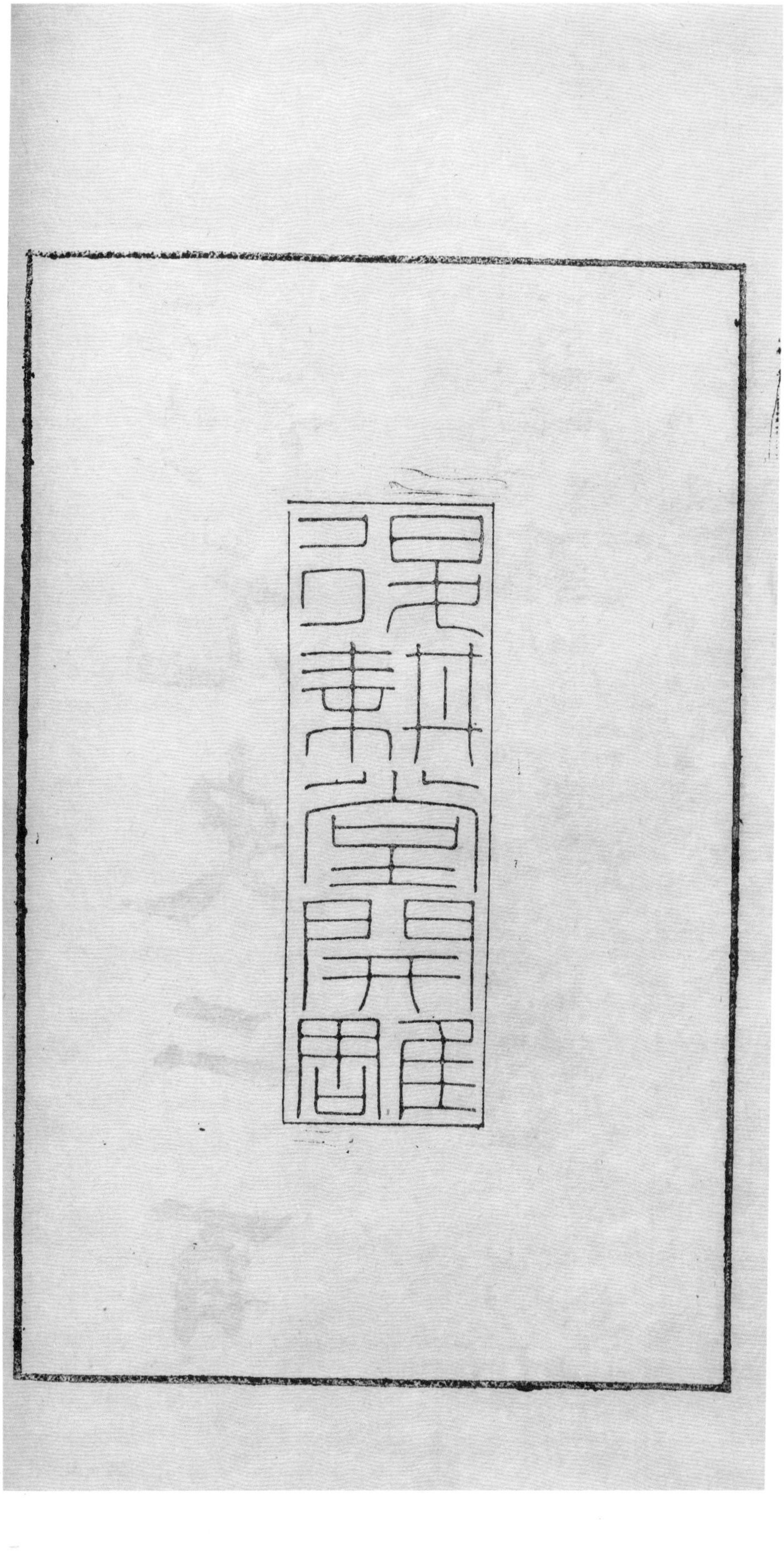

大總統令

教育部呈柯劭忞所著新元史精審完善請特頒明令列入正史以廣流傳等語元史原書由宋濂王褘倉卒蕆事疆域姓氏舛漏滋多前代通儒屢糾其失間有述作均未成書柯劭忞博極羣言搜采金石旁譯外史遠補遺文羅一代之舊聞萃畢生之精力詢屬詮采宏富體大思精應准仿

本紀第一　新元史卷之一

賜進士出身日講起居注官翰林院侍讀國史館纂修膠州柯劭忞撰

序紀

蒙古之先出於突厥本爲忙豁侖譯音之變爲蒙兀兒又爲蒙古金人謂之韃靼又謂之達達兒蒙古衣尙灰暗故稱黑達達其本非蒙古而歸於蒙古者爲白達達野達達詳氏族表其國姓曰乞顏特孛兒只斤氏太祖十世祖孛端察兒之後稱孛兒只斤氏皇考也速該又稱乞顏特孛兒只斤氏孛兒只斤突厥語譯義灰色目睛蒙古以灰睛爲貴種也蒙古初無文字世事遠近人

明史稿

清王鸿绪撰 三一〇卷

清敬慎堂刻本

清康熙十八年（一六七九）开明史馆，先后以徐元文、王鸿绪等为总裁，尤侗、方象瑛、朱彝尊等人分纂各纪、传、志、赞等。万斯同则实操全局，笔削众稿。万斯同，字季野，浙江鄞县（今宁波）人，师从黄宗羲，博学多才，不肯入清廷为官，以布衣身份参修《明史稿》。至康熙三十八年（一六九九）稿成，计五百卷。王鸿绪就万斯同已成的《明史稿》加以修订，进呈朝廷，题名《横云山人集史稿》。王鸿绪（一六四五至一七二三），字季友，号俨斋，又号横云山人，其室名「敬慎堂」。此后张廷玉等人又在王鸿绪稿本的基础上修成今本《明史》。

版框高二〇四毫米，宽一四七毫米。十一行二十三字，左右双边，单鱼尾，白口。版心中间题「横云山人集史稿」，下署「敬慎堂」三字。

明史藁　　本紀第一

光祿大夫　經筵講官明史總裁戶部尙書加七級臣王鴻緒奉

敕編撰

太祖一

太祖開天行道肇紀立極大聖至神仁文義武俊德成功高
皇帝諱元璋字國瑞姓朱氏濠州鍾離人先世家沛後徙句
容里名朱巷高祖伯六是爲德祖曾祖四九是爲懿祖祖初
一是爲熙祖父世珍是爲仁祖宋季熙祖始徙居泗州元時
仁祖再徙鍾離之東鄉母淳皇后陳氏生四子太祖其季也
前一夕后夢神饋白藥一丸置掌中有光吞之寤猶聞香氣
及產紅光滿室自是夜數有光鄰里望見驚以爲火輒奔救

钦定二十四史

清乾隆四年（一七三九）武英殿本

「二十四史」为中国古代各朝撰写的二十四部纪传体史书的总称。清乾隆四年，武英殿将新修完成的《明史》与前代《史记》《汉书》《后汉书》《三国志》《晋书》《宋书》《南齐书》《梁书》《陈书》《魏书》《北齐书》《周书》《隋书》《南史》《北史》《旧唐书》《新唐书》《新五代史》《宋史》《辽史》《金史》《元史》合并刊刻，称「二十三史」。四库馆开后，馆臣从《永乐大典》《太平御览》《册府元龟》等书中辑佚薛居正《旧五代史》，于乾隆四十九年（一七八四）刊刻成书，始有「二十四史」之名。其记叙的内容从《史记·五帝本纪》起，止于《明史》崇祯十七年（一六四四），前后四千多年。殿本《二十四史》的校刊工作主要由博学鸿词和进士出身的翰林负责，由此保证了校勘的质量。清末刊行的《增订四库简明目录标注》称：「殿本行款仿北监板，诸史校对俱精，合之共二十四史。《辽》《金》《元》三史在乾隆四十年前印本未改人名者，不易得……殿版《史》《汉》，初印者尤难得，以《史记·五帝本纪》末一叶不漫漶者，方为最早精印之本。」可见，清后期初刻初印的殿本《二十四史》已难见到。此套《钦定二十四史》是乾隆四年的内府本，黄丝绸封面，太史连纸，初刻初印。

板框高二二六毫米，宽一五三毫米，十行二十一字，左右双边，单鱼尾，白口。字体疏朗、大方、端严。

欽定廿四史
史記

史記卷一

漢　太　史　令司馬遷　撰

宋中郎外兵曹參軍裴　駰集解

唐國子博士弘文館學士司馬貞索隱

唐諸王侍讀率府長史張守節正義

五帝本紀第一

集解裴駰曰凡是徐氏義稱徐姓名以別之餘者悉是駰註解并集衆家義索隱紀者記也本其事而記之故曰本紀又紀理也絲縷有紀而帝王書稱紀者言爲後代綱紀也正義鄭玄注中候勑省圖云德合五帝坐星者稱帝又坤靈圖云德配天地在正不在私曰帝按太史公依世本大戴禮以黃帝顓頊帝嚳唐堯虞舜爲五帝譙周應劭宋均皆同而孔安國尚書序皇甫

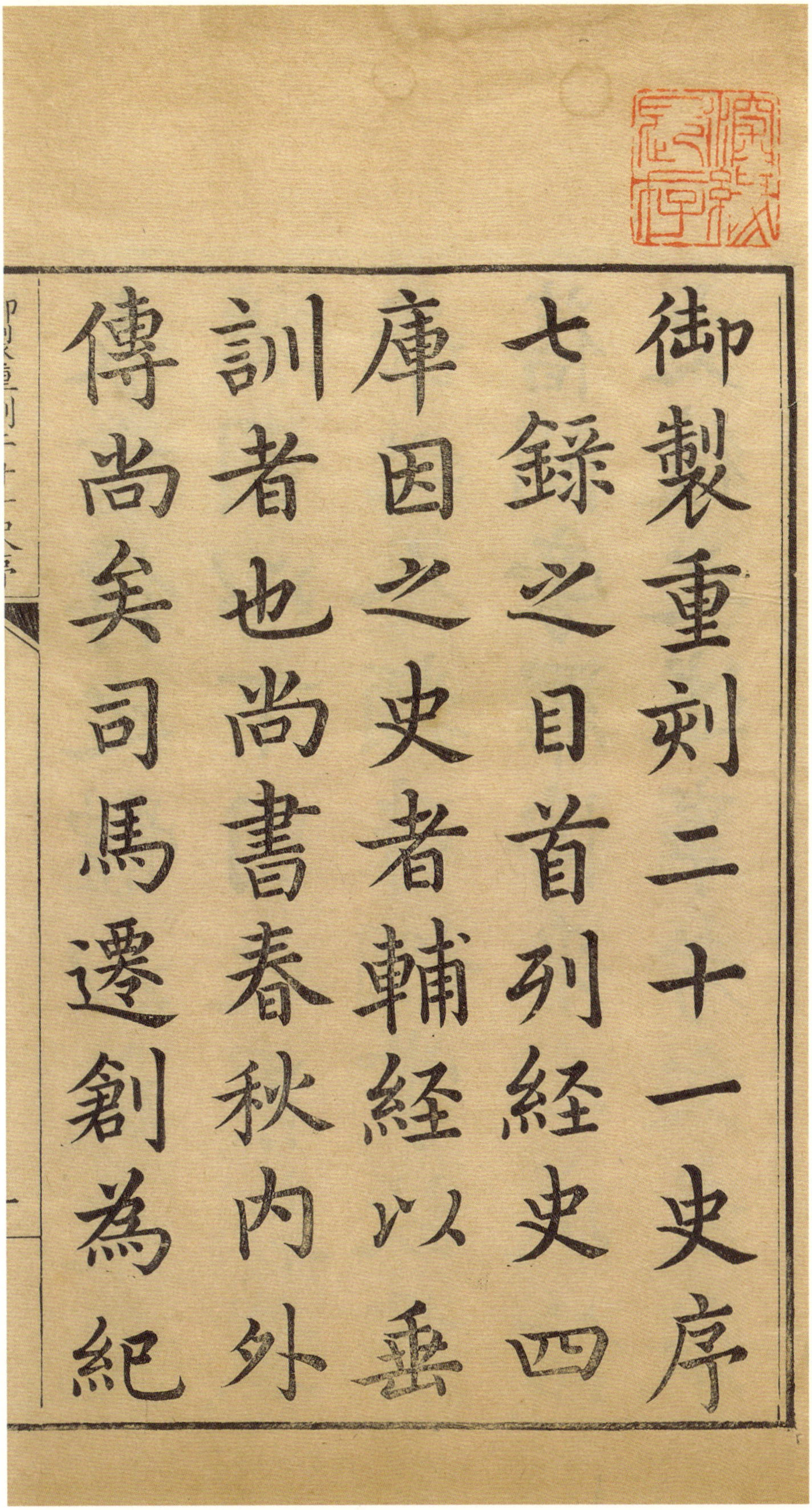
御製重刻二十一史序
七錄之目首列經史四
庫因之史者輔經以垂
訓者也尚書春秋内外
傳尚矣司馬遷創爲紀

前漢書卷一上

漢　蘭　臺　令　史班　固撰

唐正議大夫行祕書少監琅邪縣開國子顏師古注

高帝紀第一上

師古曰紀理也統理衆事而繫之於年月者也

高祖荀悅曰諱邦字季邦之字曰國張晏曰禮謚法無高以爲功最高而爲漢帝之太祖故特起名焉師古曰邦之字曰國者臣下所避以相代也沛豐邑中陽里人也應劭曰沛縣也豐其鄉也孟康曰後沛爲郡而豐爲縣師古曰沛者本秦泗水郡之屬縣豐者沛之聚邑耳方言高祖所生故舉其本稱以說之也此下言縣鄉邑告喻之故知邑繫於縣也○劉攽曰予謂沛豐郡縣名史官用漢事記錄耳姓劉氏師古曰本出劉累而范氏在秦者又爲劉因以爲姓母媼文穎曰幽州及漢中皆謂老嫗爲媼

乾隆四年校刊

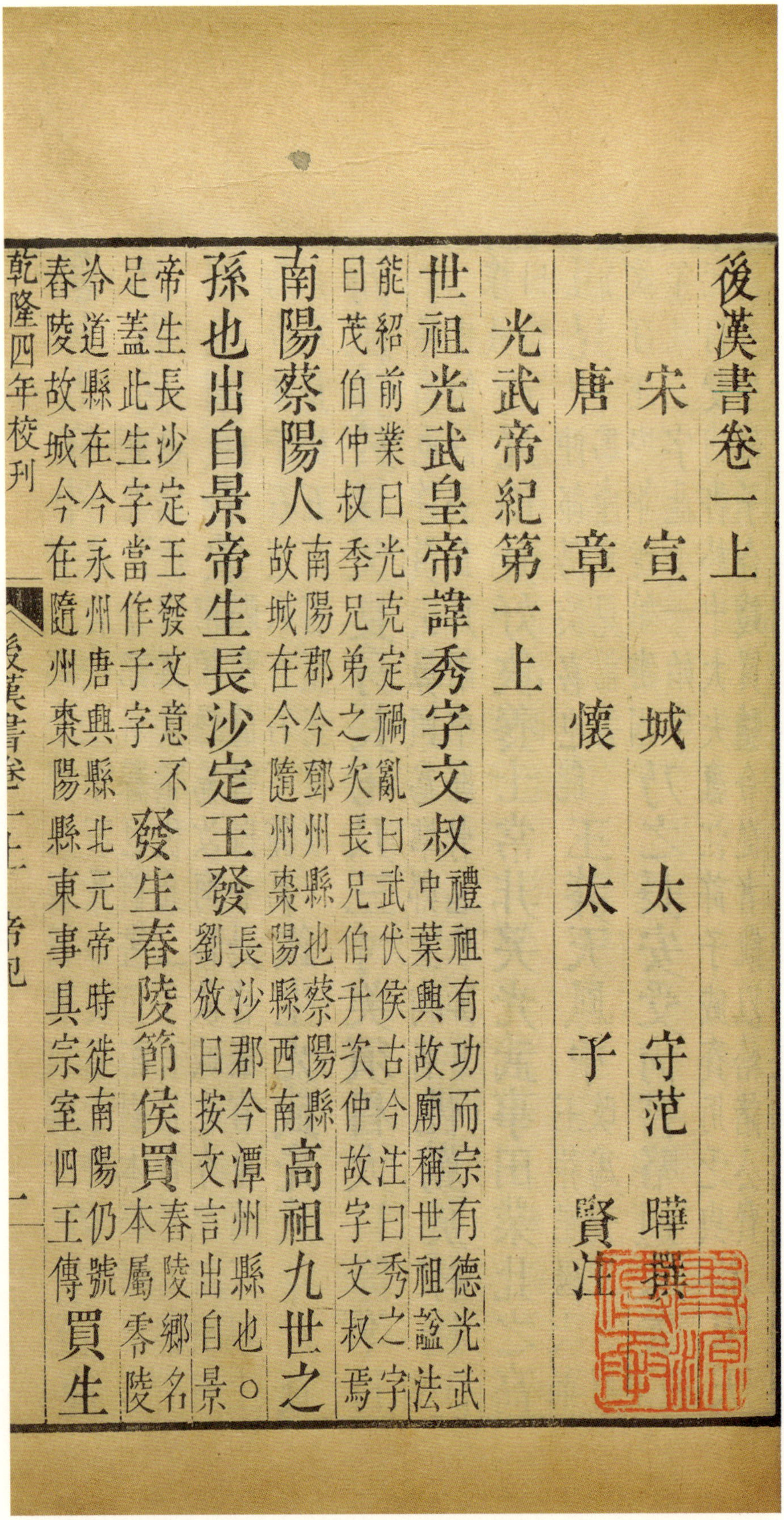

後漢書卷一上

宋　宣　城　太　守范　曄　撰

唐　章　懷　太　子　賢　注

光武帝紀第一上

世祖光武皇帝諱秀字文叔禮祖有功而宗有德光武中葉興故廟稱世祖謚法能紹前業曰光克定禍亂曰武伏侯古今注曰秀之字曰茂伯仲叔季兄弟之次長兄伯升次仲故字文叔焉南陽蔡陽人南陽郡今鄧州縣也蔡陽縣故城在今隨州棗陽縣西南高祖九世之孫也出自景帝生長沙定王發長沙郡今潭州縣也○劉攽曰按文言出自景帝生長沙定王發文意不足蓋此生字當作子字發生春陵節侯買春陵鄉名本屬零陵冷道縣在今永州唐興縣北元帝時徙南陽仍號春陵故城今在隨州棗陽縣東事具宗室四王傳買生

乾隆四年校刊

後漢書卷一上　帝紀　一

魏志卷一

晉著作郎巴西中正安漢陳　壽撰
宋太中大夫國子博士聞喜裴松之注

武帝　操

太祖武皇帝沛國譙人也姓曹諱操字孟德漢相國參之後太祖一名吉利小字阿瞞王沈魏書曰其先出於黃帝當高陽世陸終之子曰安是爲曹姓周武王克殷存先世之後封曹俠於邾春秋之世與於盟會逮至戰國爲楚所滅子孫分流或家于沛漢高祖之起曹參以功封平陽侯世襲爵土絕而復紹至今適嗣國於容城桓帝世曹騰爲中常侍大長秋封費亭侯司馬彪續漢書曰騰父節字元偉素以仁厚稱鄰人有亡豕者與節豕相類詣門認之節不與爭後所亡豕自還其家豕主人大慙送所認豕并辭謝節節笑而受之由是鄉黨貴歎焉

晉書卷一

唐太宗文皇帝御撰

帝紀第一

宣帝

宣皇帝諱懿字仲達河內溫縣孝敬里人姓司馬氏其先出自帝高陽之子重黎爲夏官祝融歷唐虞夏商世序其職及周以夏官爲司馬其後程伯休父周宣王時以世官克平徐方錫以官族因而爲氏楚漢間司馬卬爲趙將與諸侯伐秦秦亡立爲殷王都河內漢以其地爲郡子孫遂家焉自卬八世生征西將軍鈞字叔平鈞

乾隆四年校刊

晉書卷一　帝紀　一

宋書卷一

梁　沈約　撰

本紀第一

武帝上

高祖武皇帝諱裕字德輿小名寄奴彭城縣綏里人漢高帝弟楚元王交之後也交生紅懿侯富富生宗正辟彊辟彊生陽城繆侯德德生陽城節侯安民安民生陽城釐侯慶忌慶忌生陽城肅侯岑岑生宗正平平生東武城令某某生東萊太守景景生明經洽洽生博士弘弘生瑯邪都尉悝悝生魏定襄太守某某生邪城令亮

乾隆四年校刊

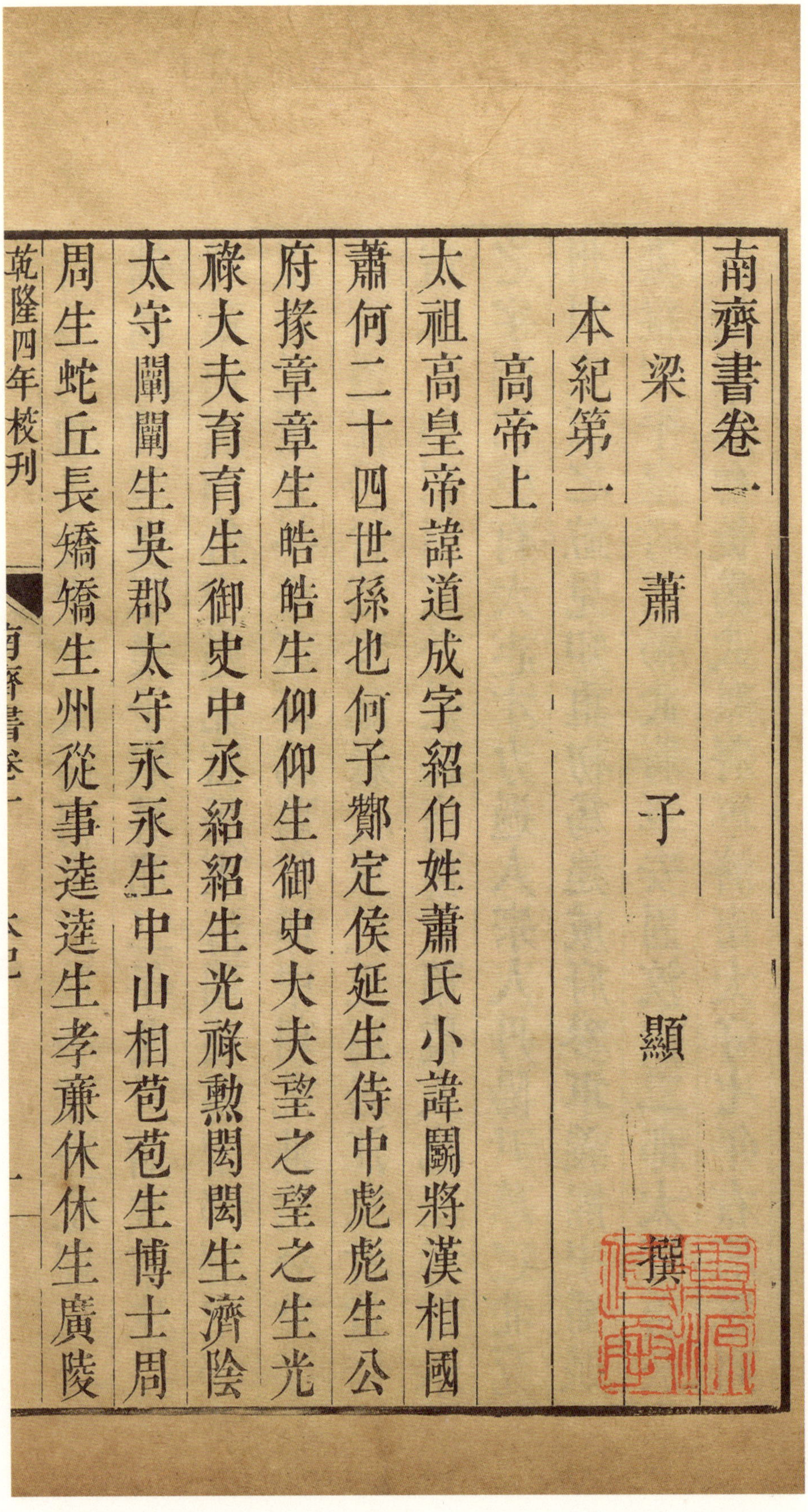

南齊書卷一

梁　蕭　子　顯　撰

本紀第一

高帝上

太祖高皇帝諱道成字紹伯姓蕭氏小諱鬬將漢相國蕭何二十四世孫也何子酇定侯延生侍中彪彪生公府掾章章生皓皓生仰仰生御史大夫望之望之生光祿大夫育育生御史中丞紹紹生光祿勳閎閎生濟陰太守闡闡生吳郡太守冰冰生中山相苞苞生博士周周生蛇丘長矯矯生州從事逵逵生孝廉休休生廣陵

乾隆四年校刊

南齊書卷一　本紀　一

梁書卷一

唐散騎常侍姚思廉撰

本紀第一

武帝上

高祖武皇帝諱衍字叔達小字練兒南蘭陵中都里人漢相國何之後也何生鄼定侯延延生侍中彪彪生公府掾章章生皓皓生仰仰生太傅望之望之生光祿大夫育育生御史中丞紹紹生光祿勳閎閎生濟陰太守闡闡生吳郡太守冰冰生中山相苞苞生博士周周生蛇丘長矯矯生州從事逵逵生孝廉休休生廣陵郡丞

乾隆四年校刊

陳書卷一

唐散騎常侍姚思廉撰

本紀第一

高祖上

高祖武皇帝諱霸先字興國小字法生吳興長城下若里人漢太丘長陳寔之後也世居潁川寔玄孫準晉太尉準生匡匡生達永嘉南遷爲丞相掾歷太子洗馬出爲長城令悅其山水遂家焉嘗謂所親曰此地山川秀麗當有王者興二百年後我子孫必鍾斯運達生康復爲丞相掾咸和中土斷故爲長城人康生盱眙太守英

乾隆四年校刊

魏書卷一

齊 魏收 撰

帝紀第一

序紀

昔黃帝有子二十五人或內列諸華或外分荒服昌意少子受封北土國有大鮮卑山因以爲號其後世爲君長統幽都之北廣漠之野畜牧遷徙射獵爲業淳樸爲俗簡易爲化不爲文字刻木紀契而已世事遠近人相傳授如史官之紀錄焉黃帝以土德王北俗謂土爲托謂后爲跋故以爲氏其裔始均入仕堯世逐女魃於弱

乾隆四年校刊

北齊書卷一

隋太子通事舍人李百藥撰

帝紀第一

神武上

齊高祖神武皇帝姓高名歡字賀六渾勃海蓚人也六世祖隱晉玄菟太守隱生慶慶生泰泰生湖三世仕慕容氏及慕容寶敗國亂湖率衆歸魏爲右將軍湖生四子第三子謐仕魏位至侍御史坐法徙居懷朔鎮謐生皇考樹性通率不事家業住居白道南數有赤光紫氣之異鄰人以爲怪勸徙居以避之皇考曰安知非吉居

乾隆四年校刊

周書卷一

唐 令 狐 德 棻 等 撰

帝紀第一

文帝上

太祖文皇帝姓宇文氏諱泰字黑獺代武川人也其先出自炎帝神農氏爲黃帝所滅子孫遯居朔野有葛烏菟者雄武多算略鮮卑慕之奉以爲主遂總十二部落世爲大人其後曰普回因狩得玉璽三紐有文曰皇帝璽普回心異之以爲天授其俗謂天曰宇謂君曰文因號宇文國并以爲氏焉普回子莫那自陰山南徙始居

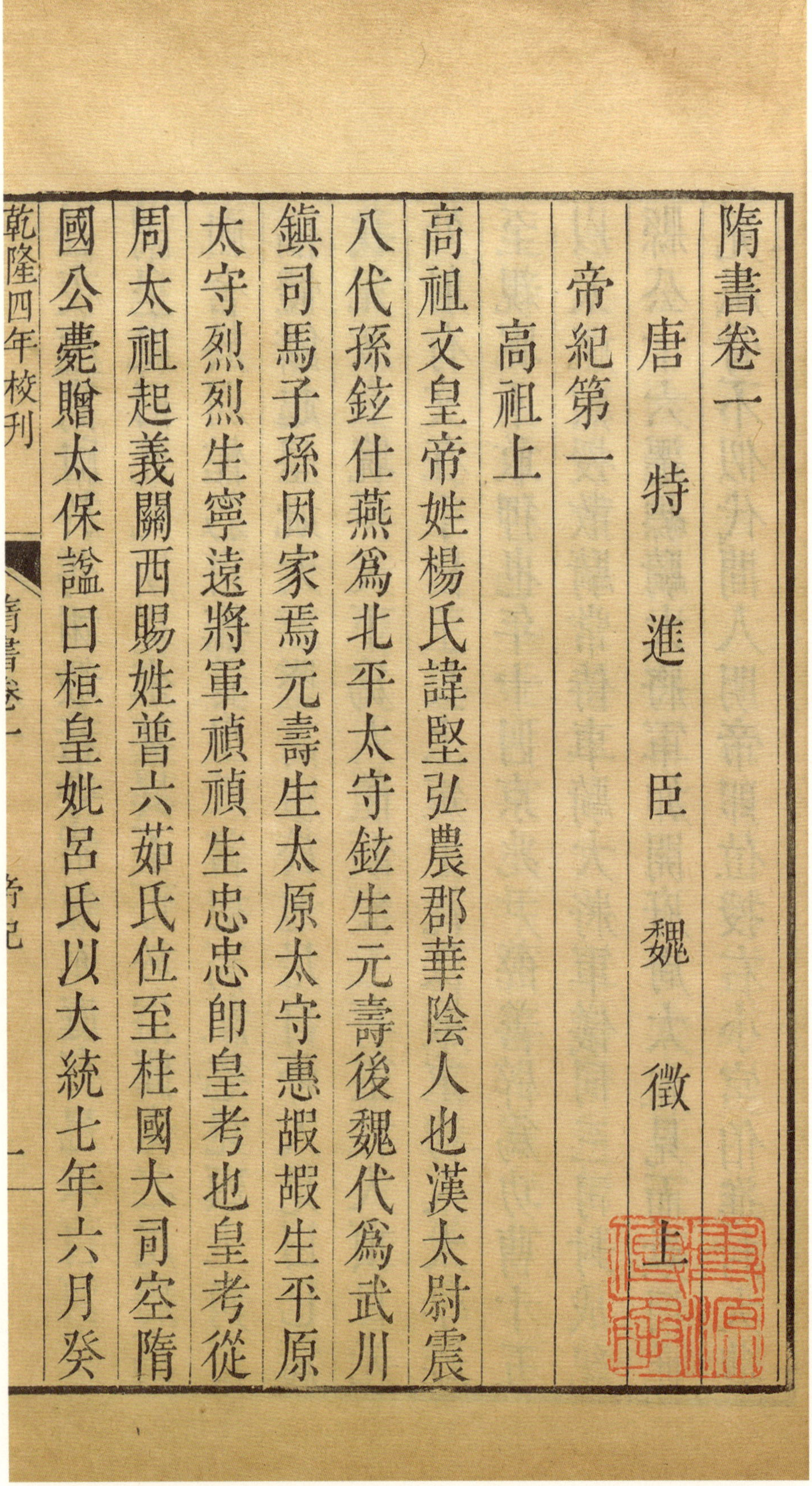
隋書卷一
唐　特　進　臣　魏　徵　上
帝紀第一
高祖上
高祖文皇帝姓楊氏諱堅弘農郡華陰人也漢太尉震八代孫鉉仕燕爲北平太守鉉生元壽後魏代爲武川鎮司馬子孫因家焉元壽生太原太守惠嘏嘏生平原太守烈烈生寧遠將軍禎禎生忠忠卽皇考也皇考從周太祖起義關西賜姓普六茹氏位至柱國大司空隋國公薨贈太保謚曰桓皇妣呂氏以大統七年六月癸
乾隆四年校刊
隋書卷一　帝紀　一

南史卷一

唐　李延壽　撰

宋本紀上第一

宋高祖武皇帝諱裕字德輿小字寄奴彭城縣綏輿里人姓劉氏漢楚元王交之二十一世孫也彭城楚都故苗裔家焉晉氏東遷劉氏移居晉陵丹徒之京口里皇祖靖晉東安太守皇考翹字顯宗郡功曹帝以晉哀帝興寧元年歲在癸亥三月壬寅夜生神光照室盡明是夕甘露降于墓樹及長雄傑有大度身長七尺六寸風骨奇偉不事廉隅小節奉繼母以孝聞嘗遊京口竹林

乾隆四年校刊

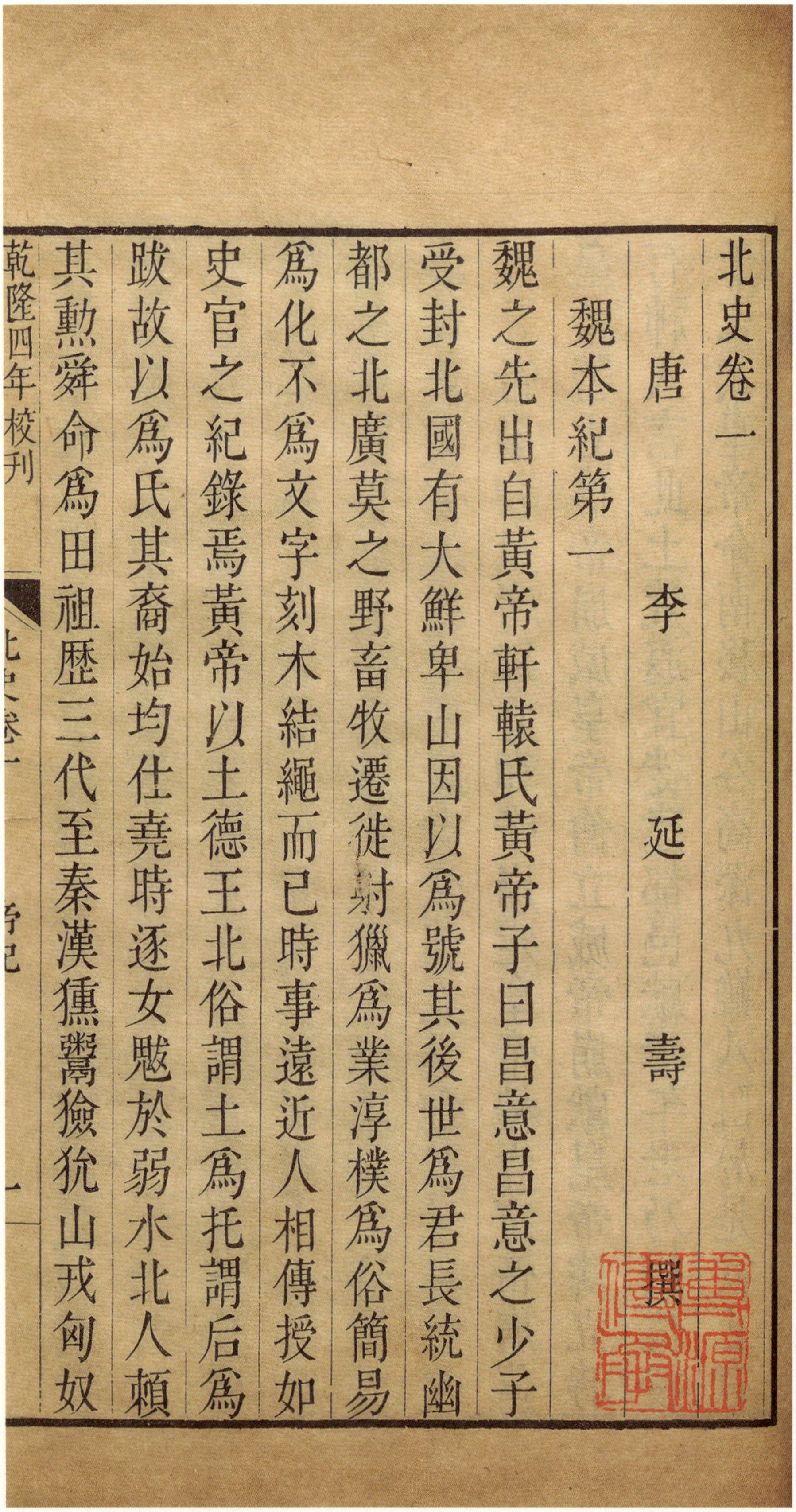

北史卷一

唐　李延壽　撰

魏本紀第一

魏之先出自黃帝軒轅氏黃帝子曰昌意昌意之少子受封北國有大鮮卑山因以爲號其後世爲君長統幽都之北廣莫之野畜牧遷徙射獵爲業淳樸爲俗簡易爲化不爲文字刻木結繩而已時事遠近人相傳授如史官之紀錄焉黃帝以土德王北俗謂土爲托謂后爲跋故以爲氏其裔始均仕堯時逐女魃於弱水北人賴其勳舜命爲田祖歷三代至秦漢獯鬻獫狁山戎匈奴

乾隆四年校刊

北史卷一　紀　一

舊唐書卷一

後晉司空同中書門下平章事劉　昫撰

本紀第一

高祖

高祖神堯大聖大光孝皇帝姓李氏諱淵其先隴西狄道人涼武昭王暠七代孫也暠生歆歆生重耳仕魏爲弘農太守重耳生熙爲金門鎭將領豪傑鎭武川因家焉儀鳳中追尊宣皇帝熙生天錫仕魏爲幢主大統中贈司空儀鳳中追尊光皇帝皇祖諱虎後魏左僕射封隴西郡公與周文帝及太保李弼大司馬獨孤信等以

乾隆四年校刊

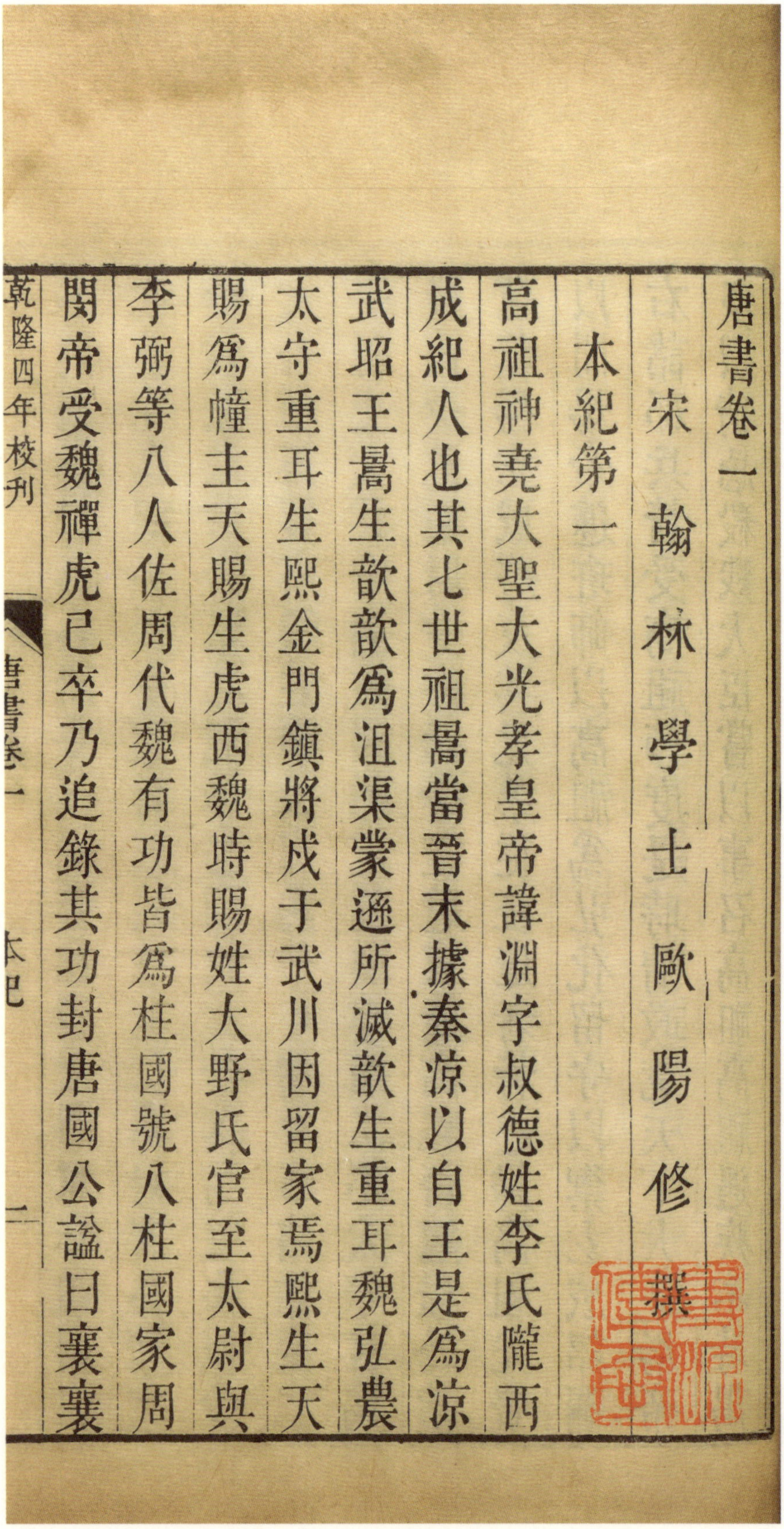

唐書卷一

宋 翰林學士歐陽修 撰

本紀第一

高祖神堯大聖大光孝皇帝諱淵字叔德姓李氏隴西成紀人也其七世祖暠當晉末據秦凉以自王是爲凉武昭王暠生歆歆爲沮渠蒙遜所滅歆生重耳魏弘農太守重耳生熙金門鎮將戍于武川因留家焉熙生天賜爲幢主天賜生虎西魏時賜姓大野氏官至太尉與李弼等八人佐周代魏有功皆爲柱國號八柱國家周閔帝受魏禪虎已卒乃追錄其功封唐國公謚曰襄襄

乾隆四年校刊　唐書卷一　本紀　一

舊五代史卷一

宋門下侍郎參知政事監修國史薛居正等撰

梁書第一

太祖紀一

太祖神武元聖孝皇帝姓朱氏諱晃本名温宋州碭山人其先舜司徒虎之後高祖黯曾祖茂琳祖信父誠帝即誠之第三子母曰文惠王皇后五代會要梁肅祖宣元皇帝諱黯舜司徒虎四十二代孫開平元年七月追尊宣元皇帝廟號肅祖葬興極陵敬祖光獻皇帝諱茂琳宣元皇帝長子母曰宣僖皇后范氏開平元年七月追尊光獻皇帝廟號敬祖葬永安陵憲祖昭武皇帝諱信光獻皇帝長子母曰光孝皇后楊氏開平元年七月追尊昭武皇帝廟號憲祖葬光天陵烈祖文穆皇帝諱誠昭武皇帝長子母

乾隆四十九年校刊

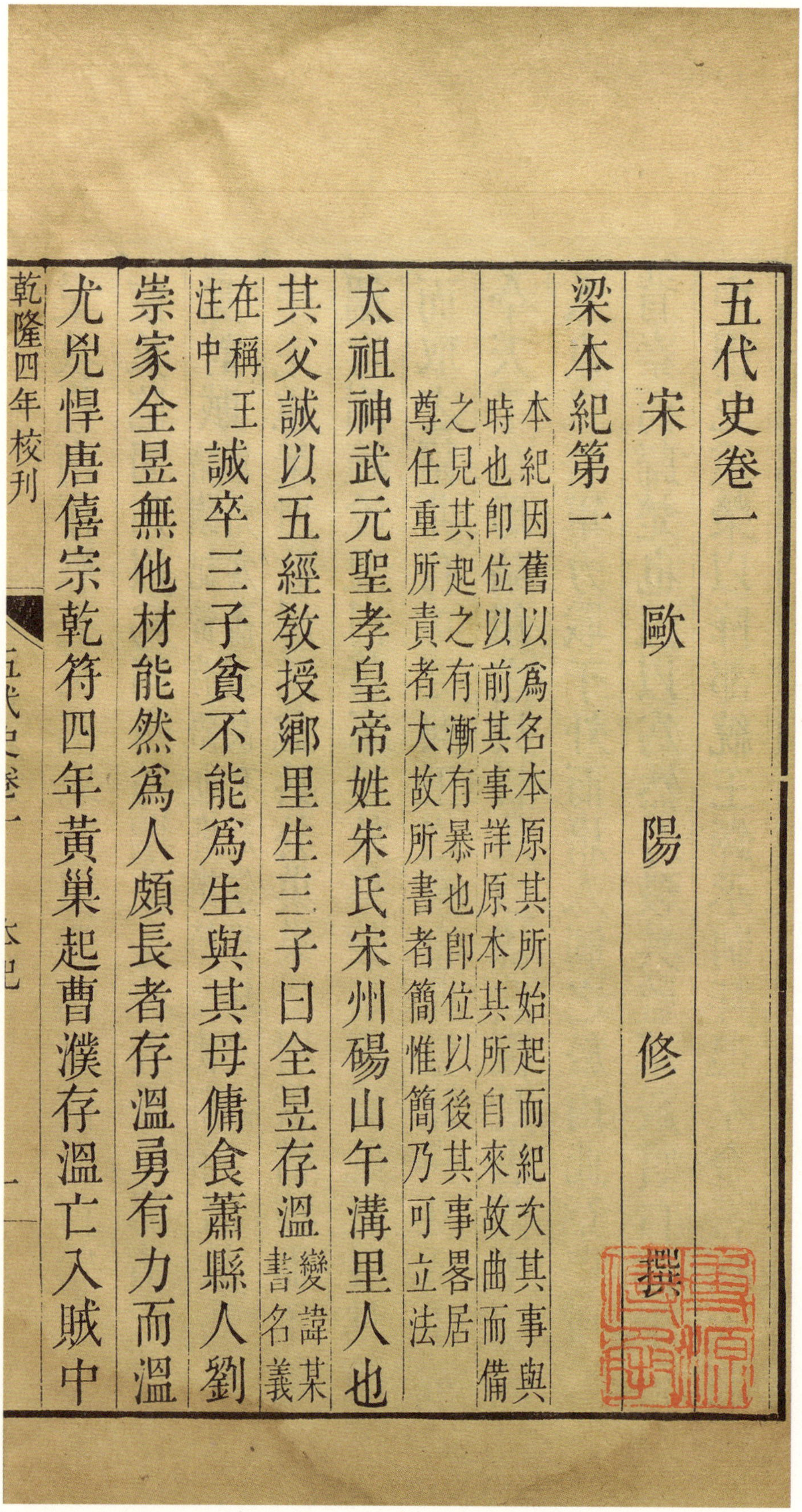
五代史卷一

宋　歐陽修　撰

梁本紀第一

本紀因舊以爲名本原其所始起而紀次其事與時也即位以前其事詳原本其所自來故曲而備之見其起之有漸有暴也即位以後其事畧居尊任重所責者大故所書者簡惟簡乃可立法

太祖神武元聖孝皇帝姓朱氏宋州碭山午溝里人也其父誠以五經教授鄉里生三子曰全昱存溫變諱某書名義在稱王注中誠卒三子貧不能爲生與其母傭食蕭縣人劉崇家全昱無他材能然爲人頗長者存溫勇有力而溫尤兇悍唐僖宗乾符四年黃巢起曹濮存溫亡入賊中

乾隆四年校刊　五代史卷一　本紀　一

宋史卷一

元中書右丞相總裁脫脫等 修

本紀第一

太祖一

太祖啓運立極英武睿文神德聖功至明大孝皇帝諱匡胤姓趙氏涿郡人也高祖朓是爲僖祖仕唐歷永淸文安幽都令朓生珽是爲順祖歷藩鎭從事累官兼御史中丞珽生敬是爲翼祖歷營薊涿三州刺史敬生弘殷是爲宣祖周顯德中宣祖貴贈敬左驍騎衞上將軍宣祖少驍勇善騎射事趙王王鎔爲鎔將五百騎援唐

遼史卷一

元中書右丞相總裁脫脫等修

本紀第一

太祖上

太祖大聖大明神烈天皇帝姓耶律氏諱億字阿保機小字啜里只契丹迭剌部霞瀨益石烈鄉耶律彌里人德祖皇帝長子母曰宣簡皇后蕭氏唐咸通十三年生初母夢日墮懷中有娠及生室有神光異香體如三歲兒即能匍匐祖母簡獻皇后異之鞠爲巳子常匿於别幕塗其面不令他人見三月能行晬而能言知未然事

乾隆四年校刊

金史卷一

元中書右丞相總裁脫脫等修

本紀第一

世紀

金之先出靺鞨氏靺鞨本號勿吉勿吉古肅愼地也元魏時勿吉有七部曰粟末部曰伯咄部曰安車骨部曰拂涅部曰號室部曰黑水部曰白山部隋稱靺鞨而七部並同唐初有黑水靺鞨粟末靺鞨其五部無聞粟末靺鞨始附高麗姓大氏李勣破高麗粟末靺鞨保東牟山後爲渤海稱王傳十餘世有文字禮樂官府制度有

乾隆四年校刊

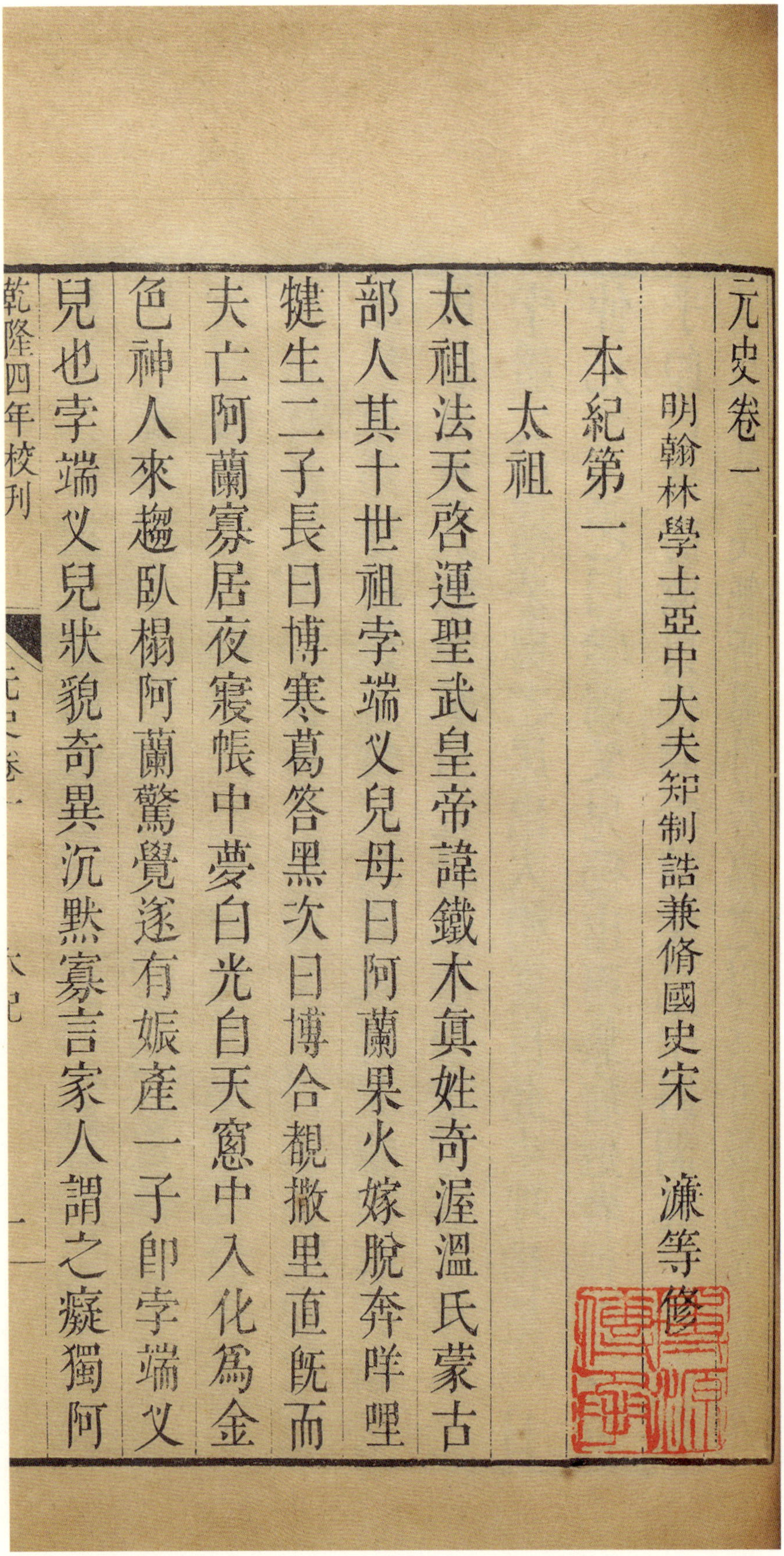

元史卷一

明翰林學士亞中大夫知制誥兼脩國史宋　濂等修

本紀第一

太祖

太祖法天啓運聖武皇帝諱鐵木眞姓奇渥溫氏蒙古部人其十世祖孛端叉兒母曰阿蘭果火嫁脫奔咩哩犍生二子長曰博寒葛答黑次曰博合覩撒里直旣而夫亡阿蘭寡居夜寢帳中夢白光自天窻中入化爲金色神人來趨臥榻阿蘭驚覺遂有娠產一子卽孛端叉兒也孛端叉兒狀貌奇異沈默寡言家人謂之癡獨阿

乾隆四年校刊

元史卷一　本紀　一

明史卷一　本紀第一

總裁官總理事務　經筵講官少保兼太子太保保和殿大學士兼管吏部戶部尚書事加六級張廷玉等奉

敕修

太祖一

太祖開天行道肇紀立極大聖至神仁文義武俊德成功高皇帝諱元璋字國瑞姓朱氏先世家沛徙句容再徙泗州父世珍始徙濠州之鍾離生四子太祖其季也母陳氏方娠夢神授藥一丸置掌中有光吞之寤口餘香氣及產紅光滿室自是夜數有光起鄰里望見驚以爲火輒奔救至則無有比長姿貌雄傑奇骨貫頂志意

百衲本二十四史

张元济辑印

中华民国 商务印书馆出版

张元济有感于「有清一代，未能汇集善本重刻《二十四史》」，故发愿辑印一套大型古籍丛书，即《百衲本二十四史》。「百衲本」取拼集补缀之意，采各史版本精善者拼集而成。张氏耗费极大精力四处寻找善本，所选诸本，除《旧五代史》《元史》《明史》外，皆用宋元版本影印。全书分装八百余册，用金属版精印，分连史纸、毛边纸两种，皆线装本。书根上加印书名册数。《百衲本二十四史》于一九三〇年八月出版第一种《汉书》，最后一本《宋史》于一九三七年三月出版，全书告竣。《百衲本二十四史》自出版之日起，受到学界很高的评价。

张元济（一八六七至一九五九），字筱斋，号菊生，浙江海盐人，近代中国杰出的出版家和版本学家。历任商务印书馆编译所所长、经理、监理、董事长等职。

百衲本二十四史

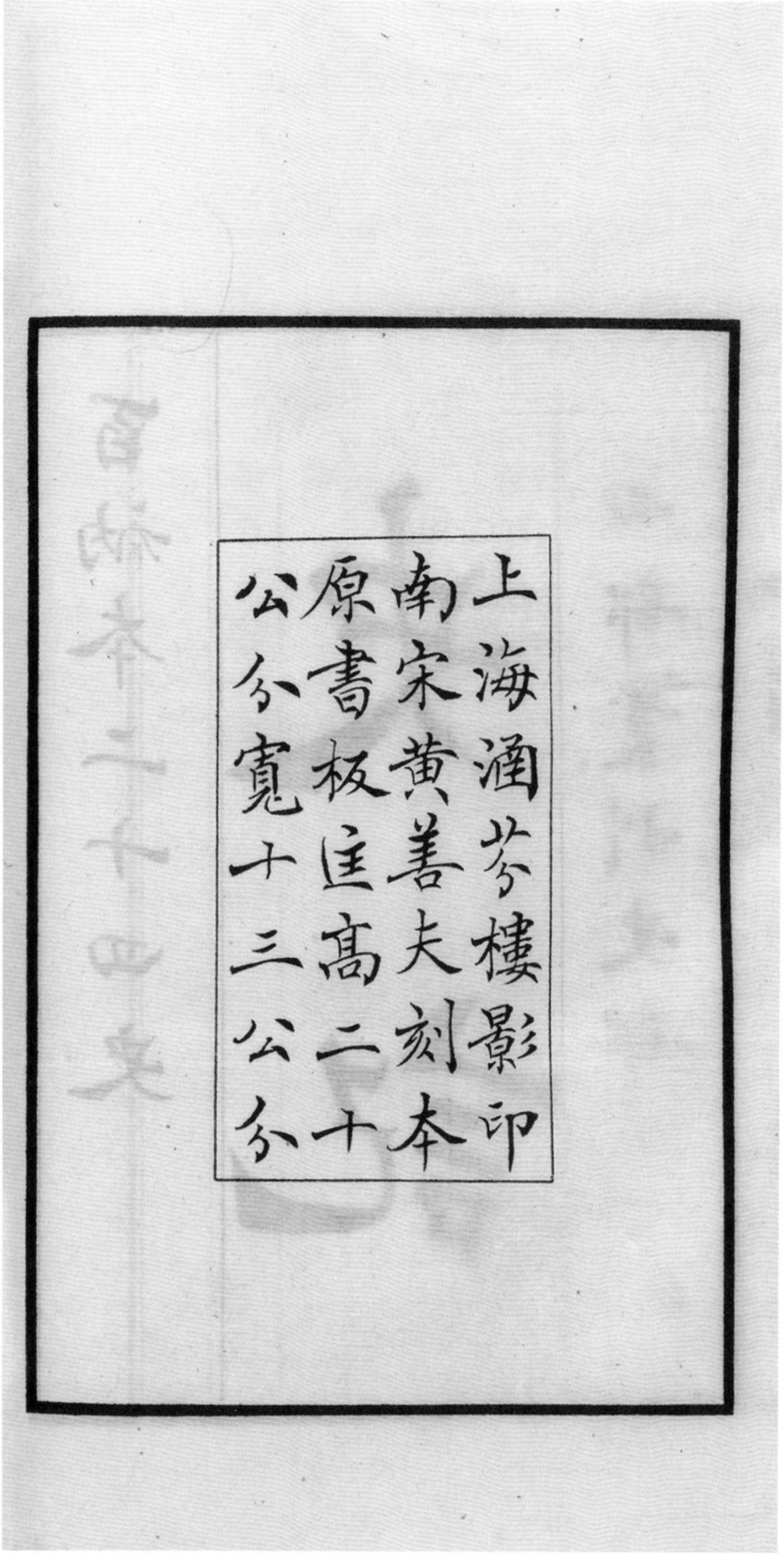
上海涵芬樓影印
南宋黃善夫刻本
原書板匡高二十
公分寬十三公分

五帝本紀第一　　史記一

裴駰曰凡是徐氏義稱徐姓名以別之餘者悉是駰註解并集衆家義。司馬貞索隱曰紀者記也本其事而記之故曰本紀又紀理也絲縷有紀而帝王書稱紀者言爲後代綱紀也。正義曰鄭玄注中候勑省圖云德合五帝坐星者稱帝又坤靈圖云德配天地在正不在私曰帝按太史公依世本大戴禮以黃帝顓頊帝嚳唐堯虞舜爲五帝譙周應劭宋均皆同而孔安國尚書序皇甫謐帝王世紀孫氏注世本並以伏犧神農黃帝爲三皇少昊顓頊高辛唐虞爲五帝裴松之史目云天子稱本紀諸侯曰世家本者繫其本系故曰本紀者理也統理衆事繫之年月名之曰紀第者次序之目一者舉數之由故曰五帝本紀第一。又曰禮云動則左史書之言則右史書之正義云左陽故記動右陰故記言言爲尚書事爲春秋按春秋時置左右史故云史記也

黃帝者徐廣曰號有熊。索隱曰按有土德之瑞土色黃故稱黃帝猶神農火德王而稱炎帝然也此以黃

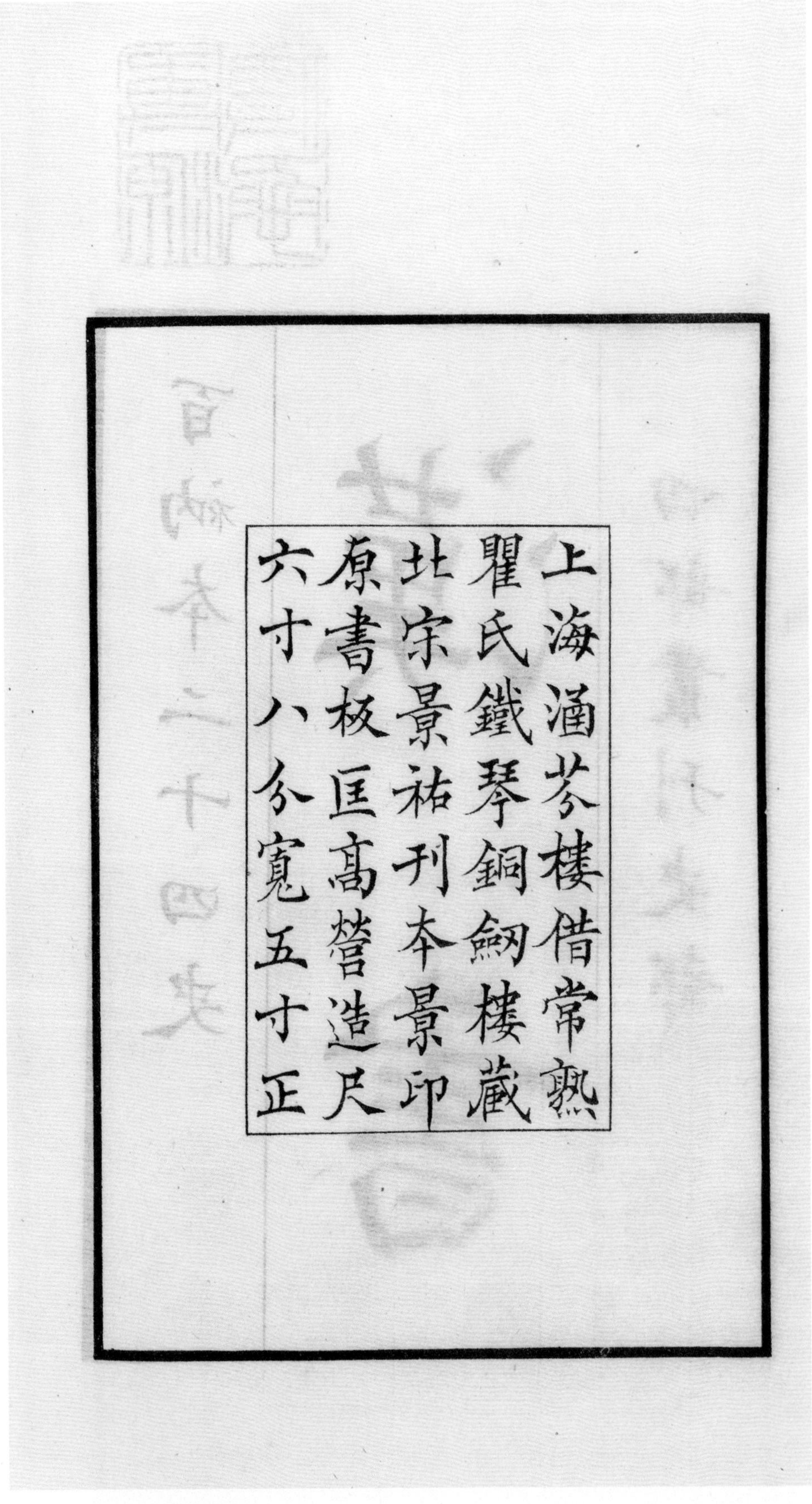
上海涵芬樓借常熟瞿氏鐵琴銅劍樓藏北宋景祐刊本景印原書板匡高營造尺六寸八分寬五寸正

高紀第一上

師古曰紀理也統理衆事而繫之年月者也

漢書一

秘書監上護軍琅邪縣開國子顏師古注

高祖 荀悅曰諱邦字季邦之字曰國張晏曰禮謚法無以爲功最高而爲帝漢之太祖故特起名焉師古曰邦之字曰國者臣下所避以相代也 沛豐邑中陽里人也 應劭曰沛縣也豐其鄉也孟康曰後沛爲郡而豐爲縣師古曰沛者本秦泗水郡之屬縣豐者沛之聚邑耳方言高祖所生故舉其本稱以説之也此下言縣鄉邑告喻之故知邑繫於縣也 姓劉氏 師古曰本出劉累而范氏在秦者又爲劉因以爲姓 母媪 文穎曰幽州及漢中皆謂老嫗爲媪孟康曰媪母別名音烏老反師古曰媪女老稱也孟音是矣史家不詳著高祖母之姓氏無得記之故取當時相呼稱號而言也其下王媪之屬意義皆同至如皇甫謐等妄引讖記好奇騁博強爲高祖父母名字皆非正史所説蓋無取焉寧有劉媪本姓存史遷肯不詳載即理而言斷可知矣他皆類此 嘗息大澤之陂 師古曰蓄水曰陂蓋於澤陂隄塘之上休息而寢寐也陂音彼皮反 夢與神遇 師古曰遇會也不期而會曰遇 是時雷電晦冥 師古曰晦冥皆謂暗也言大雷電而雲霧晝暗 父太公往

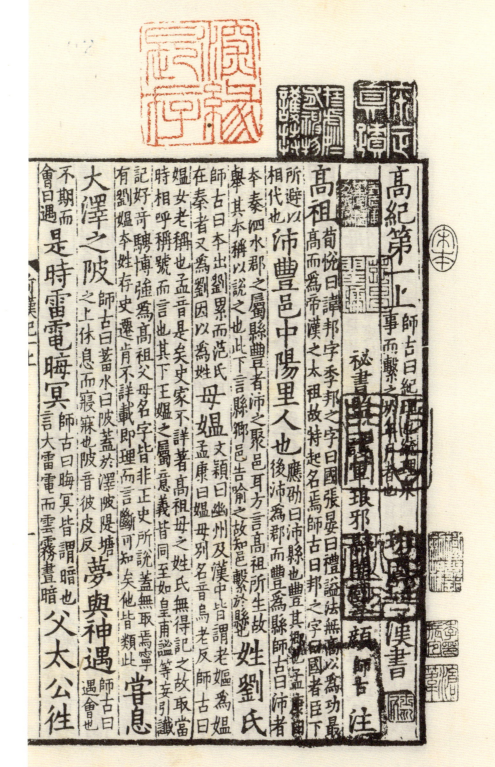

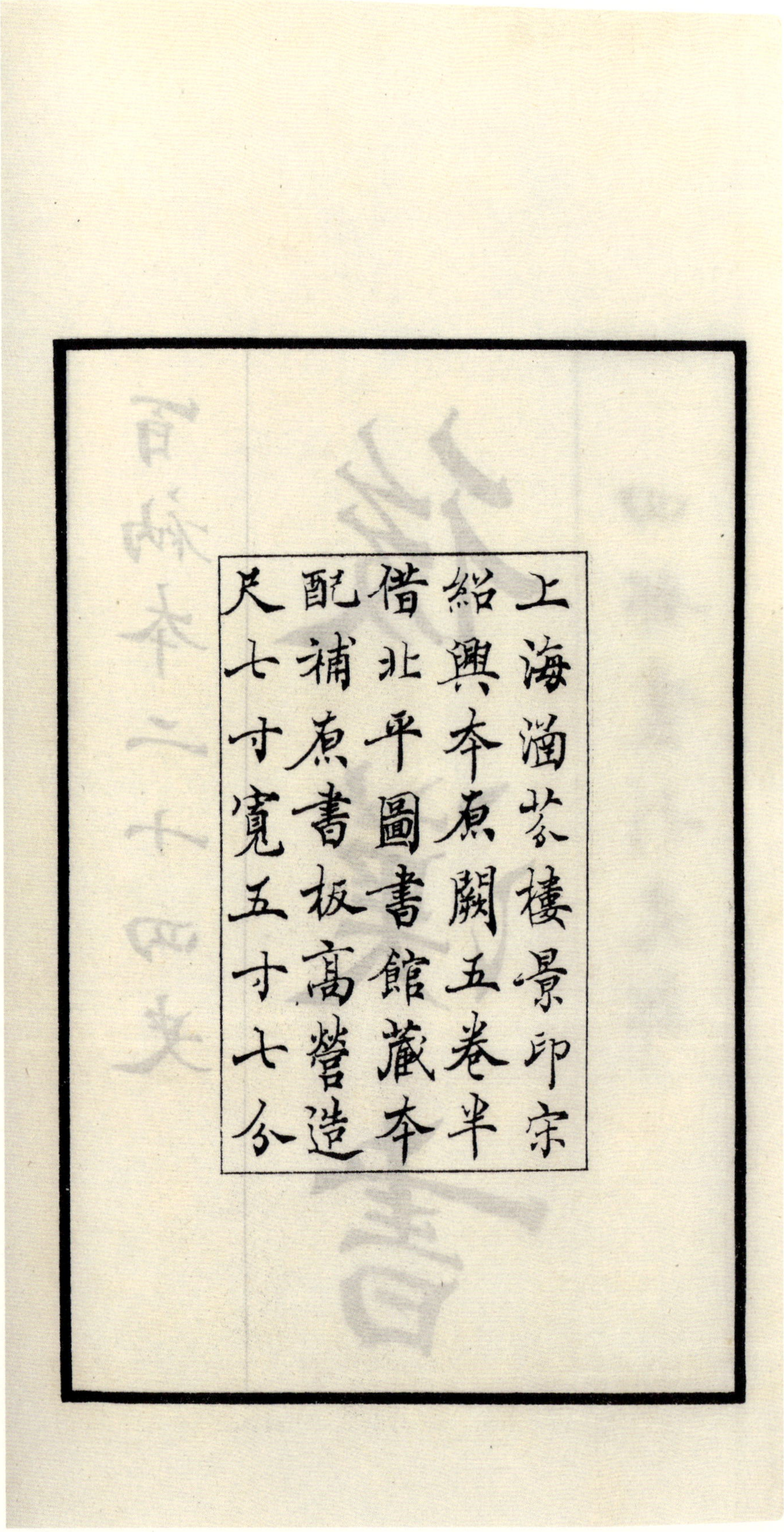
上海涵芬樓景印宋
紹興本原闕五卷半
借北平圖書館藏本
配補原書板高營造
尺七寸寬五寸七分

帝紀第一上　范曄　後漢書一

唐章懷太子賢注

光武皇帝

世祖光武皇帝諱秀字文叔禮祖有功而宗有德光武中興故廟稱世祖謚法能紹前業曰光克定禍亂曰武伏侯古今注曰秀之字曰茂伯仲叔季兄弟之次長兄伯升次仲故字文叔焉南陽蔡陽人南陽郡今鄧州縣也蔡陽縣故城在今隨州棗陽縣西南高祖九世之孫也出自景帝生長沙定王發長沙郡今潭州縣也發生春陵節侯買春陵鄉名本屬零陵冷道縣在今永州唐興縣北元帝時徙南陽仍號春陵故城今在隨州棗陽縣東事具宗室四

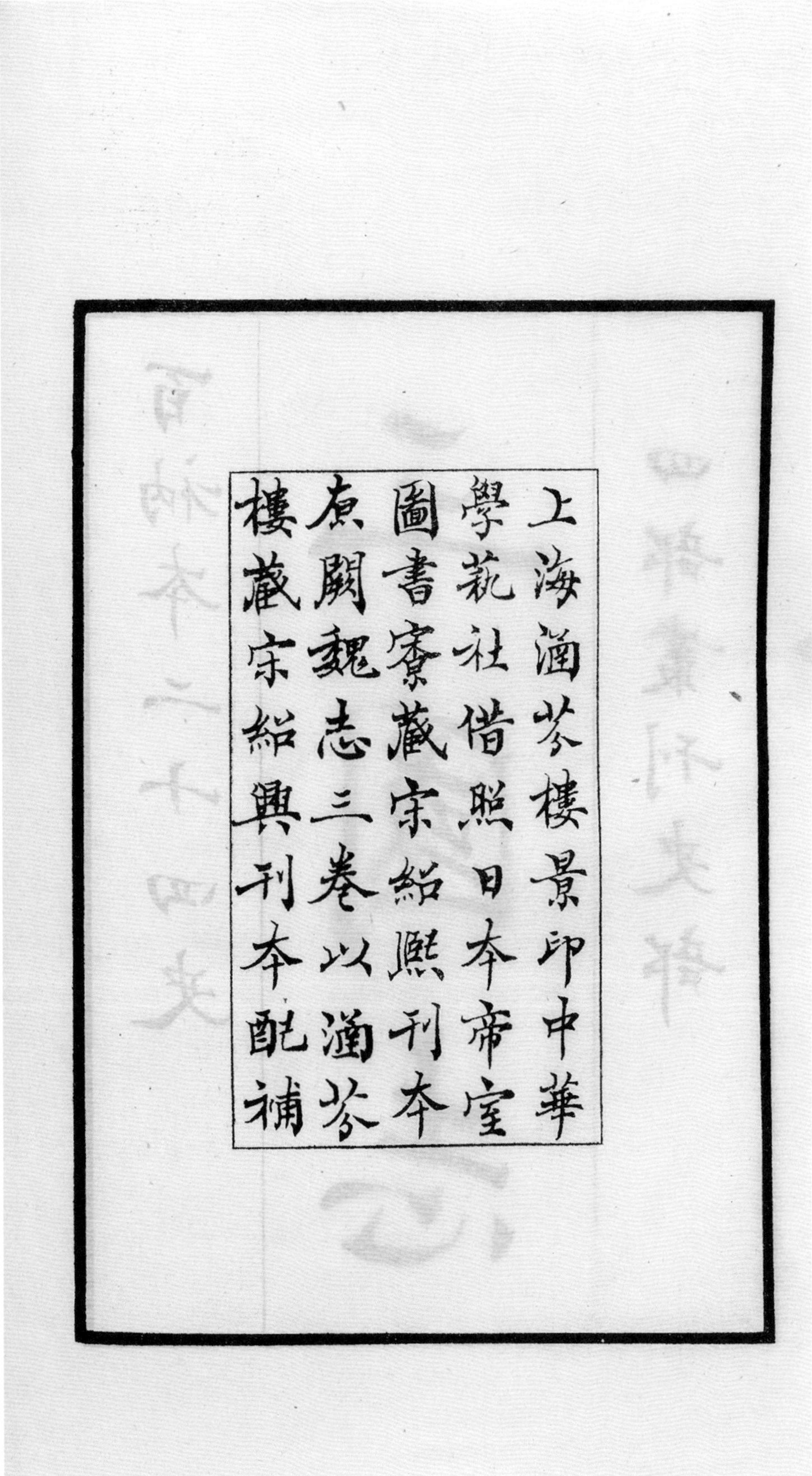
上海涵芬樓景印中華
學藝社借照日本帝室
圖書寮藏宋紹熙刊本
原闕魏志三卷以涵芬
樓藏宋紹興刊本配補

武帝紀第一　　魏書　　國志一

太祖武皇帝沛國譙人也姓曹諱操字孟德漢相國參之後太祖一名吉利小字阿瞞　王沈魏書曰其先出於黃帝當高陽世陸終之子曰安是爲曹姓周武王克殷存先世之後封曹俠於邾春秋之世與於盟會逮至戰國爲楚所滅子孫分流或家于沛漢高祖之起曹參以功封平陽侯世襲爵土絕而復紹至今適嗣國於容城桓帝世曹騰爲中常侍大長秋封費亭侯司馬彪續漢書曰騰父節字元偉素以仁厚稱鄰人有亡豕者與節豕相類詣門認之節不與爭後所亡豕自還其家豕主人大慙送所認豕幷辭謝節節笑而受之由是鄉黨貴歎焉長子伯興次子仲興次子叔興騰字季興少除黃門從官永寧元年鄧太后詔黃門令選中黃門從官年少溫謹者配皇太子書騰應其選太子特親愛騰飲食賞賜與衆有異順帝即位爲小黃門遷至中常侍大長秋在省闥三十餘年歷事四帝未嘗有過好進達賢能終無所毀傷其所稱薦若陳留虞放邊韶南

二十三年是歲齊七統秦晉楚燕魏趙韓田齊凡八大國　趙龍

克○齊侯貸卒。無子。田氏遂并齊

二十四年齊威王因齊元年　狄敗魏師於澮○

趙伐齊

二十五年晉靖公俱酒元年　蜀伐楚

二十六年韓哀侯元年○是歲晉七統秦楚燕魏趙韓齊凡七大國

喜立是為烈王○三晉共廢其君俱酒為家人。

编年类

编年类是我国最早的史书编写体例。编年类史书按照年代顺序编写，它要求对每年每月甚至每日发生的事件都有详细而准确的记载。由于中国地域广阔，在交通不便、消息闭塞的古代，按年、月、日编写史书非常不易，但它可以清晰地显示历史发展的进程。春秋战国时期已出现体例较为完备的编年体史书《春秋》《左传》（二书纳入经部），西晋出土的《竹书纪年》亦属其类。汉唐之间，编年体与纪传体并重，相辅而行，时人著有《汉纪》《后汉纪》《晋纪》等书。唐修《隋书·经籍志》，以纪传为正史，编年为古史。至北宋，司马光集编年体史书之大成，撰《资治通鉴》。此后陆续出现《续资治通鉴长编》《建炎以来系年要录》《续资治通鉴》等编年类史书，并有朱熹《资治通鉴纲目》另辟纲目体例，隶属编年类。

竹书纪年辨证

清 董丰垣撰

清乾隆稿本

《竹书纪年》，亦称《汲冢纪年》。编年体史书，约出于战国魏史官之手。晋太康年间于汲郡（今属河南）战国魏襄王墓中发现此书竹简，经荀勖等人整理为二十篇。记事起于夏禹（一说起于黄帝），终于魏襄王二十年。此书于南宋以后便已亡佚，明嘉靖间出《今本竹书纪年》，其真伪尚有争议。清代学者乃相继另作辑本十余种。

董丰垣，字菊町，吴兴（今属浙江）人，乾隆十六（一七五一）年进士。董氏读《竹书纪年》有获，参考经史材料，对《纪年》内容加以辨证，成《竹书纪年辨证》二卷。是书初撰于乾隆丙辰年（一七三六）八月，粗稿草创后，又增《补遗》一卷，至十二月成书。一九二二年，吴兴刘承干于孙星如处借得钞本加以刊刻，是为嘉业堂刊本。

此本为董丰垣手稿，应书于乾隆年间，有朱墨二色批改，原存于商务印书馆东方图书馆（涵芬楼）。刘承干曾云「上海涵芬楼藏有旧抄本」，即此稿本。一九三二年，日军发动「一·二八事变」，将东方图书馆及其所藏五十余万册善本图书炸毁。张元济曾撰《涵芬楼烬余书录》，后附《涵芬楼原存善本草目》，收录有此手稿本。今所见稿本乃兵燹遗珍。

皇甫謐云，居軒轅之丘，因以為名，又以為號。三統歷曰：有軒冕之服，天下號曰軒轅氏。

皇甫亦言受國于有熊，非謂即位居熊也。

外紀：帝作冕垂旒，充纊，為玄衣黃裳，以象天地之正色，旁觀翬翟草木之華，乃染五采為文章，以表貴賤，於是衮冕衣裳之制興。

豐垣按：尸子云四夷之民有貫胸者，深目者，長股者，黃帝之德嘗致之。竹書蓋本

竹書紀年辨證卷上

梁　沈約附註　　吳興董豐垣辨證

黃帝軒轅氏。原注別錄。豐垣按五帝紀黃帝名軒轅，皇甫謐諸儒皆同。路史以為軒轅氏古封禪之帝，在黃帝氏之前，又據河圖握拒、孝經鉤命決、封禪書以為黃帝名軒，余不敢從。

元年，帝即位，居有熊。外紀丁亥。豐垣按皇甫謐云有熊地名也，今河南新鄭是也。

初制冕服。豐垣按世本云黃帝作旃冕，又云胡曹作冕。注：黃帝臣。說文曰黃帝初作冕。謚圖本黃帝黃直。三禮圖亦言黃帝黃冕也。

二十年，景雲見，以雲紀官。原注別錄。豐垣按左氏云昔者黃帝氏以雲紀，故為雲師而雲名。應劭注史記云黃帝受命有雲瑞，故以雲紀事也。春官為青雲，夏官為縉雲，秋官為白雲，冬官為黑雲，中官為黃雲。然不知果在此年否也。

五十年秋七月庚申，鳳鳥至，帝祭于洛水。原注別錄。

五十九年，貫胸氏來賓。（〇）長股氏來賓。

其說本諸封禪書。史傳言黃帝……涿鹿。世本云……路史云自有熊啓……以為帝即位居有熊者非

春秋云黃帝時天先見大螾大黃帝曰土氣勝土氣勝故其色尚其事則土

補帝祭于洛水下

補

有景雲之瑞赤方氣與青方氣相連赤方中有兩星青方中有一星凡三星皆黃色以天清明時見於攝提名曰景星帝黃服齋于中宮坐于玄扈洛水之上有鳳凰集不食生蟲不履生草或止帝之東園或巢於阿閣或鳴於庭其雄自歌其雌自舞麒麟在囿神鳥來儀有大螻如羊大螾如虹帝以土氣勝遂以土德王（補二十年景雲見以雲紀官下）

庚申天霧三日三夜晝昏帝問天老力牧容成曰於公何如天老曰臣聞之國安其主好文則鳳凰居之國亂其主好武則鳳凰去之今鳳凰翔於東郊而樂之其鳴音中夷則與天相副以

皆同故史傳多云名摯

是觀之天有嚴敎以賜帝帝勿犯也召史卜之龜燋史曰臣不
能占也其問之聖人帝曰已問天老力牧容成矣史北面再拜
曰龜不違聖智故燋霧既降游于洛水之上見大魚殺五牲以
醮之天乃甚雨七日七夜魚流於海得圖書焉龍圖出河洛書
出洛赤文篆字以授軒轅接萬神於明庭今塞門谷口是也豐垣
按河圖出於伏羲時洛書出於夏禹時經有明據竹書云云
與路史注所引河圖挺輔佐相發蓋讖緯之流也斷不足據
約按帝摯少昊氏母曰女節見星如虹下流華渚既而夢接意
感生少昊豐垣按皇甫謐帝王世紀路同登帝位有鳳凰之瑞或曰名清按路豐垣
史記云云小昊青陽氏紀姓名質是為挈其父曰青黃帝之第五子
方傫氏之生也注云大戴禮嫘祖生昌意方雷生青陽而史記立

此段宜改

资治通鉴

宋司马光撰 元胡三省音注 二九四卷 存卷八九

元刻本

司马光（一〇一九至一〇八六），字君实，世称涑水先生，陕州夏县（今山西夏县）人。宝元进士，官至宰相，卒赠太师、温国公，谥文正。《资治通鉴》是一部编年体通史巨著，由司马光主持编撰，分工执笔者有刘攽、刘恕、范祖禹等人，历时十九年完成。全书记战国周威烈王二十三年（前四〇三）至五代后周世宗显德六年（九五九），共一千三百六十二年历史，分为周、秦、汉、魏等十六纪。取材博综十七史、唐以来《实录》、杂史、谱录等史料凡三百余种。内容以叙政治、军事为主。体例严谨，脉络分明，熔裁贯通，历有体大思精之誉。

宋元之际胡三省为书作注，是为通行之本。胡三省（一二三〇至一三〇二），字身之，台州宁海（今属浙江）人。胡氏于南宋宝祐年间开始注释《通鉴》，宋亡之际，其稿本丢失，胡氏重新注释，并将注文与司马光的《通鉴考异》及《通鉴目录》中的天文、历法内容分系于各篇之中。元至元二十二年（一二八五）书稿编成，此后又不断有修订工作。

版框高二二二毫米，宽一四九毫米。十行二十字，四周双边，双鱼尾，黑口。版心下方有刻工姓名。

資治通鑑卷第八十九

端明殿學士兼侍讀學士朝散大夫右諫議大夫充集賢殿修撰提擧判西京留司御史臺上柱國河内郡開國侯食邑一千二百户食實封肆伯户賜紫金魚袋臣司馬光奉

勑編集

後學天台胡三省音註

晉紀十一 起閼逢閹茂盡柔兆困敦凡三年

孝愍皇帝下

建興二年春正月辛未有如日隕于地又有三日相承出西方而東行天文占日三四五六日俱出並爭天下兵作又日三日並出不過三旬諸侯爭爲帝　丁丑大赦　有流星出牽牛入紫微晉天文志

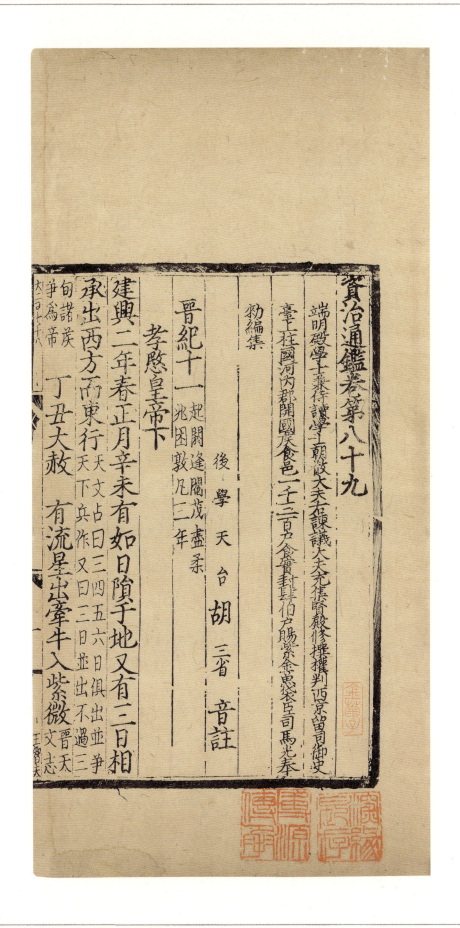

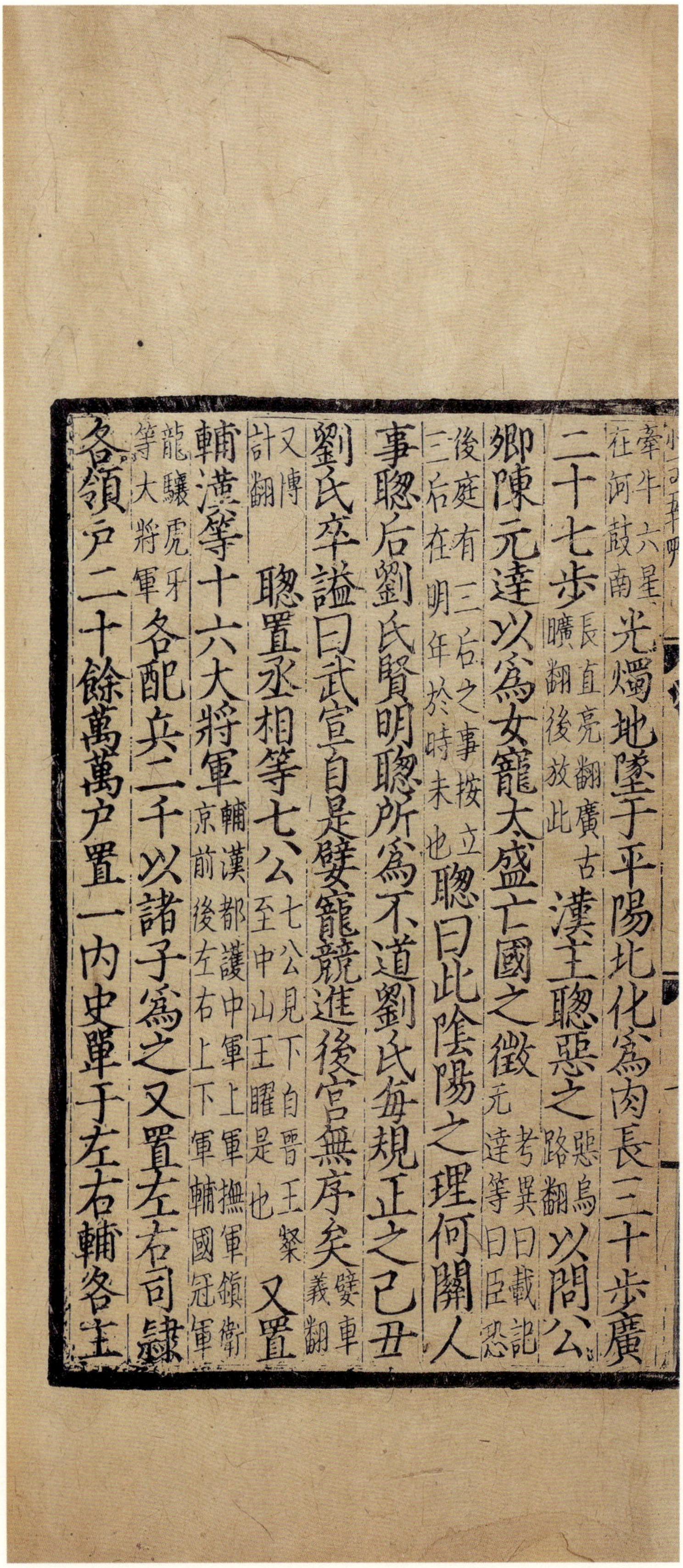
牽牛六星在河鼓南光燭地墜于平陽北化爲肉長三十步廣二十七步長直亮翻廣古曠翻後放此漢主聰惡之惡烏路翻以問公卿陳元達以爲女寵太盛亡國之徵考異曰載記元達等曰臣恐後庭有三后之事按立三后在明年於時未也聰曰此陰陽之理何關人事聰后劉氏賢明聰所爲不道劉氏每規正之己丑劉氏卒謚曰武宣自是嬖寵競進後宮無序矣嬖車義翻又博計翻聰置丞相等七公七公見下自晉王粲至中山王曜是也又置輔漢等十六大將軍輔漢都護中軍上軍撫軍鎮衛京前後左右上下軍輔國冠軍龍驤虎牙等大將軍各配兵二千以諸子爲之又置左右司隸各領户二十餘萬萬户置一内史單于左右輔各主

兵救晉陽三月乙未漢兵敗走卜珝之卒先奔靳冲擅收珝斬之聰大怒遣使持節斬冲（使疏吏翻）聰納其舅子輔漢將軍張寔二女徽光麗光爲貴人（此別一張寔非河西張軌之子）太后張氏之意也（張氏淵之側室生聰尊爲太后）涼州主簿馬魴說張軌（魴符方翻說輸芮翻）宜命將出師翼戴帝室軌從之馳檄關中共尊輔秦王且言今遣前鋒督護宋配帥步騎二萬徑趨長安（帥讀曰率趨七喻翻）西中郎將寔帥中軍三萬武威太守張琠帥胡騎二萬絡繹繼發（琠它典翻絡繹相繼不絕之意）夏四月丙寅征南將軍山簡卒　漢主聰封其子敷爲渤海王驥爲濟南王鸞爲燕王鴻

资治通鉴

宋司马光撰元胡三省音注明陈仁锡评阅卷二九四

明天启五年（一六二五）刻本

陈仁锡（一五八一至一六三六），字明卿，长洲（今属江苏）人，明天启二年（一六二二）探花。因不肯依附魏忠贤而落职，崇祯年间复职，累迁南京国子监祭酒。性好学，喜著书，曾评阅过前四史及《资治通鉴》等数十种前人著作。

版框高二一三毫米，宽一四八毫米。十行二十字，四周单边，单鱼尾，白口。

資治通鑑卷第一

朝散大夫右諫議大夫權御史中丞充理檢使上護軍賜紫金魚袋臣司馬光奉

勅編集

宋　後學天台　胡三省　音註

明　後學長洲　陳仁錫　評閲

起著雍攝提格盡玄黓困敦凡二十五年（戊寅）（壬子）

爾雅太歲在甲曰閼逢在乙曰旃蒙在丙曰柔兆在丁曰彊圉在戊曰著雍在巳曰屠維在庚曰上章在辛曰重光在壬曰玄黓在癸曰昭陽是爲歲陽在寅曰攝提格在卯曰單閼在辰曰執徐在巳曰大荒落在午曰敦牂在未曰協洽在申曰涒灘在酉曰作噩在戌曰掩茂在亥曰大淵獻在子曰困敦在丑曰赤奮若是爲歲名周紀分註起著雍攝提格起戊寅也盡玄黓

资治通鉴

宋司马光撰　元胡三省音注　二九四卷　存二八九卷
清刻本

版框高二一四毫米，宽一四八毫米。十行二十字，四周双边，双鱼尾，黑口。

資治通鑑卷第二百八十九

端明殿學士兼翰林侍讀學士大中大夫提舉西京嵩山崇福宮上柱國河內郡開國公食邑二千六百戶食實封壹阡戶臣　司馬光　奉

勑編集

後學天台胡三省　音註

後漢紀四（上章閹茂一年）

隱皇帝下

乾祐三年春正月丁未加鳳翔節度使趙暉兼侍中

密州刺史王萬敢請益兵以攻唐（王萬敢去年已殘荻水鎮今請益兵攻之）詔以前沂州刺史郭瓊爲東路行營都部署帥

资治通鉴

宋司马光撰 元胡三省音注 二九四卷

清胡克家复刻元刊本

胡克家，字果泉，清嘉庆间鄱阳（今属江西）人。其于嘉庆二十一年（一八一六）复刻的元初本《资治通鉴》，是由清著名校勘学家顾广圻代为校刻的。顾氏所校书籍，均详加考证，持论谨严，故此书是《资治通鉴》最好最精的版本。

版框高二一三毫米，宽一四九毫米。十行二十字，四周双边，双鱼尾，黑口。

元初本重雕鄱
陽胡氏藏板

興文署新刊資治通鑑序

古今載籍之文存於世者多矣苟不知所決擇而欲遍觀之則窮年不能究其辭沒世不能通其義是猶入海筭沙成功何年善乎孟子之言曰堯舜之智而不遍知急先務也大抵士君子之學期於適用而已馳騖乎高遠陷

序　一　王

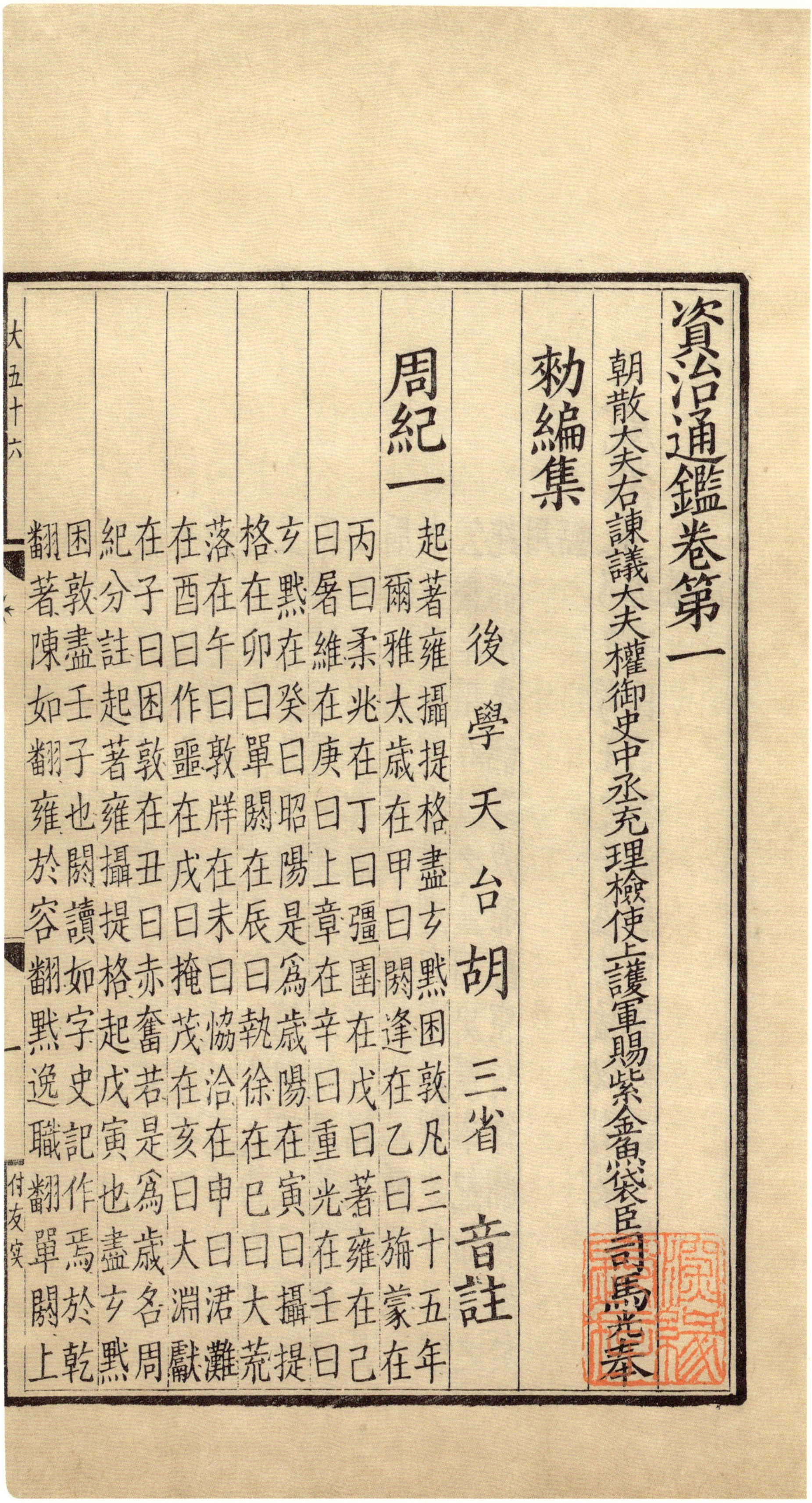

資治通鑑卷第一

朝散大夫右諫議大夫權御史中丞充理檢使上護軍賜紫金魚袋臣司馬光奉

勑編集

後學天台胡三省音註

周紀一

起著雍攝提格盡玄黓困敦凡三十五年

爾雅太歲在甲曰閼逢在乙曰旃蒙在丙曰柔兆在丁曰彊圉在戊曰著雍在己曰屠維在庚曰上章在辛曰重光在壬曰玄黓在癸曰昭陽是爲歲陽在寅曰攝提格在卯曰單閼在辰曰執徐在巳曰大荒落在午曰敦牂在未曰協洽在申曰涒灘在酉曰作噩在戌曰掩茂在亥曰大淵獻在子曰困敦在丑曰赤奮若是爲歲名周紀分註起著雍攝提格起戊寅也盡玄黓困敦盡壬子也閼讀如字史記作焉於乾翻著陳如翻雍於容翻黓逸職翻單闕上

大五十六

付友实

资治通鉴

宋司马光撰 元胡三省音注 二九四卷 存卷一一八至一二六

清刻本

版框高二二四毫米，宽一五〇毫米。十行二十字，四周双边，双鱼尾，黑口。

資治通鑑卷第一百一十八

端明殿學士兼翰林侍讀學士朝散大夫右諫議大夫充集賢殿修撰權判西京留司御史臺上柱國河内郡開國侯食邑一千三百户食實封肆伯户賜紫金魚袋臣司馬光奉

勑編集

後學天台胡三省音註

晋紀四十 起強圉大荒落盡著雍協洽凡三年

安皇帝癸

義熙十三年春正月甲戌朔日有食之 秦主泓朝會百官於前殿 朝直遥翻 以内外危迫君臣相泣 以内則兄弟攜難外爲晋夏所迫也 征北將軍齊公恢帥安定鎮户三萬八千

资治通鉴

宋司马光撰 元胡三省音注 二九四卷 存卷九一至二一六

清刻本

版框高二一七毫米，宽一五〇毫米。十行二十字，四周双边，双鱼尾，黑口。

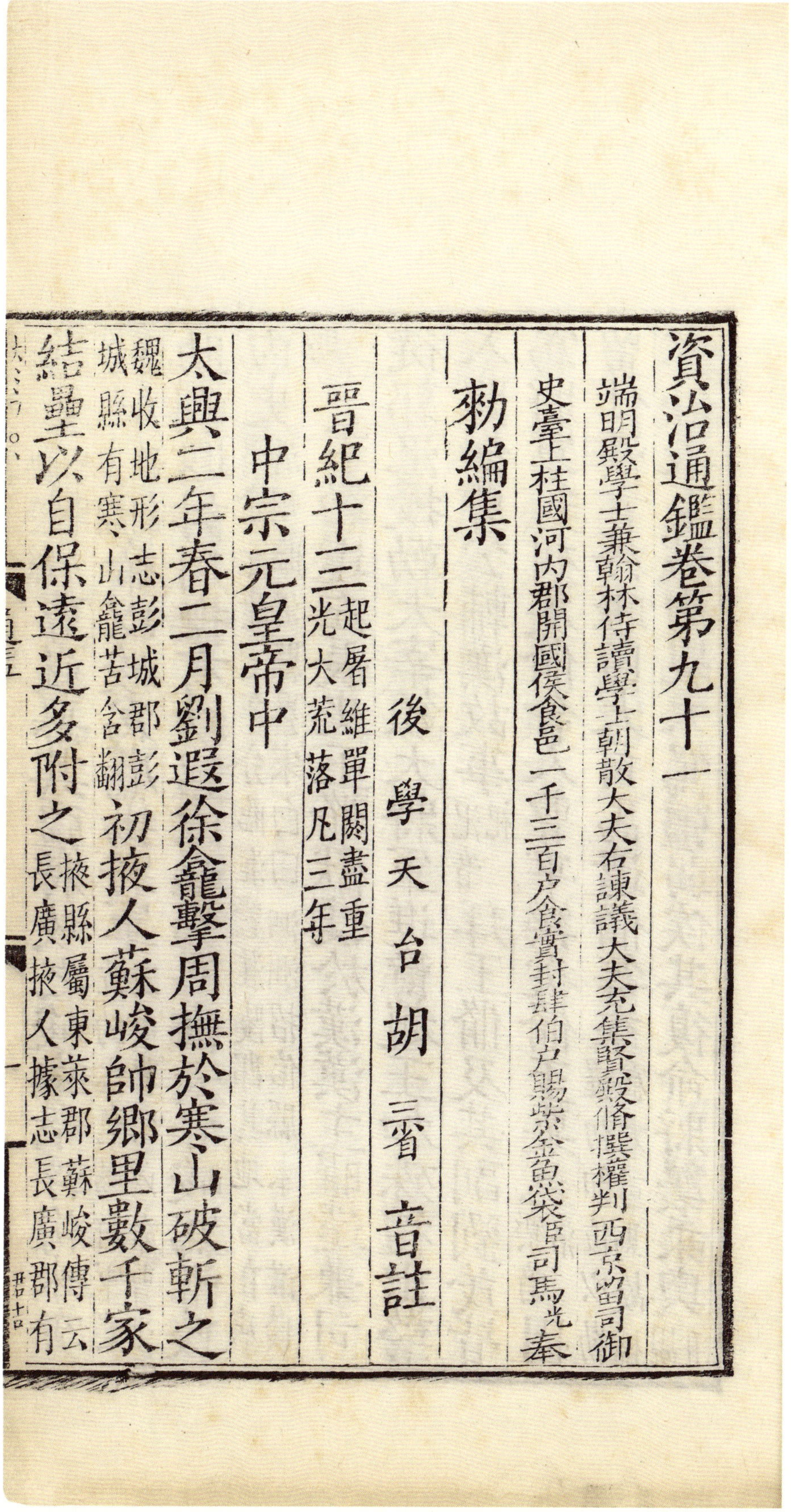

資治通鑑卷第九十一

端明殿學士兼翰林侍讀學士朝散大夫右諫議大夫充集賢殿修撰權判西京留司御史臺上柱國河内郡開國侯食邑一千三百户食實封肆伯户賜紫金魚袋臣司馬光奉

勑編集

後學天台胡三省音註

晉紀十三 起屠維單閼盡重光大荒落凡三年

中宗元皇帝中

太興二年春二月劉遐徐龕擊周撫於寒山破斬之魏收地形志彭城郡彭城縣有寒山龕苦含翻初掖人蘇峻帥鄉里數千家結壘以自保遠近多附之掖縣屬東萊郡蘇峻傳云長廣掖人據志長廣郡有

资治通鉴

宋司马光撰 元胡三省音注 二九四卷

清光绪十七年（一八九一） 长沙杨氏刊本

版框高二〇二毫米，宽一四六毫米。十二行二十五字，左右双边，单鱼尾，黑口。书中有朱笔句读和「宗达之印」印章。

資治通鑑卷第一

朝散大夫右諫議大夫權御史中丞充理檢使上護軍賜紫金魚袋臣司馬光奉

勑編集

後學　天台胡三省　音註

周紀一

起著雍攝提格盡玄黓困敦凡三十五年　爾雅太歲在甲曰閼逢在乙曰旃蒙在丙曰柔兆在丁曰彊圉在戊曰著雍在己曰屠維在庚曰上章在辛曰重光在壬曰玄黓在癸曰昭陽是爲歲陽在寅曰攝提格在卯曰單閼在辰曰執徐在巳曰大荒落在午曰敦牂在未曰協洽在申曰涒灘在酉曰作噩在戌曰掩茂在亥曰大淵獻在子曰困敦在丑曰赤奮若是爲歲名周紀分註起著雍攝提格起戊寅也盡玄黓困敦盡壬子也閼讀如字史記作焉於乾翻著陳如翻雍於容翻黓逸職翻單閼上音丹又特連翻下烏葛翻又於連翻牂作郎翻涒吐魂翻灘吐丹翻困敦音頓　杜預世族譜曰周黃帝之苗裔姬姓后稷之後封於邰及夏衰稷子不窋竄于西戎至十二代孫太王避狄遷岐至孫文王受命武王克商而有天下自武王至平王凡十三世自平王至威烈王又十八世自威烈王至赧王又五世張守節曰因太王居周原國號曰周地理志云右扶風美陽縣岐山西北中水鄉周太王所邑括地志云故周城一名美陽城在雍州武功

资治通鉴

宋 司马光撰 元 胡三省音注 二九四卷 存卷二一一至二二〇，二二三，二二八至二二九

清刻本

版框高二四六毫米，宽一五八毫米。十行二十字，左右双边，单鱼尾，白口。书中有「神鞭藏书」印。

資治通鑑卷第二百一十五

端明殿學士兼翰林侍讀學士大中大夫提舉西京嵩山崇福宮上柱國河內郡開國公食邑二千二百戶食實封玖伯戶賜紫金魚袋臣司馬光奉勑編集

後學天台胡三省音註

唐紀三十一 起玄黓敦牂盡彊圉大淵獻十一月凡五年有奇

玄宗至道大聖大明孝皇帝中之下

天寶元年春正月丁未朔上御勤政樓帝於興慶宮西南隅建二樓花萼相輝樓在西臨街以燕兄弟勤政務本樓在南以修政事受朝賀朝直遥翻赦天下改元 壬子分平盧別爲節度以安祿山爲節度

少微家塾点校附音通鉴节要

宋 江贽撰 五〇卷 存卷六至九

明刻本

江贽，字叔圭，崇安（今属福建）人。北宋政和中，赐号少微先生。是书取司马光《资治通鉴》删繁存要而成，乃《通鉴》之缩编本。言简意赅，于元、明两代流传甚广。

版框高二三一毫米，宽一八〇毫米。十行十七字，四周双边，双花鱼尾，白口。

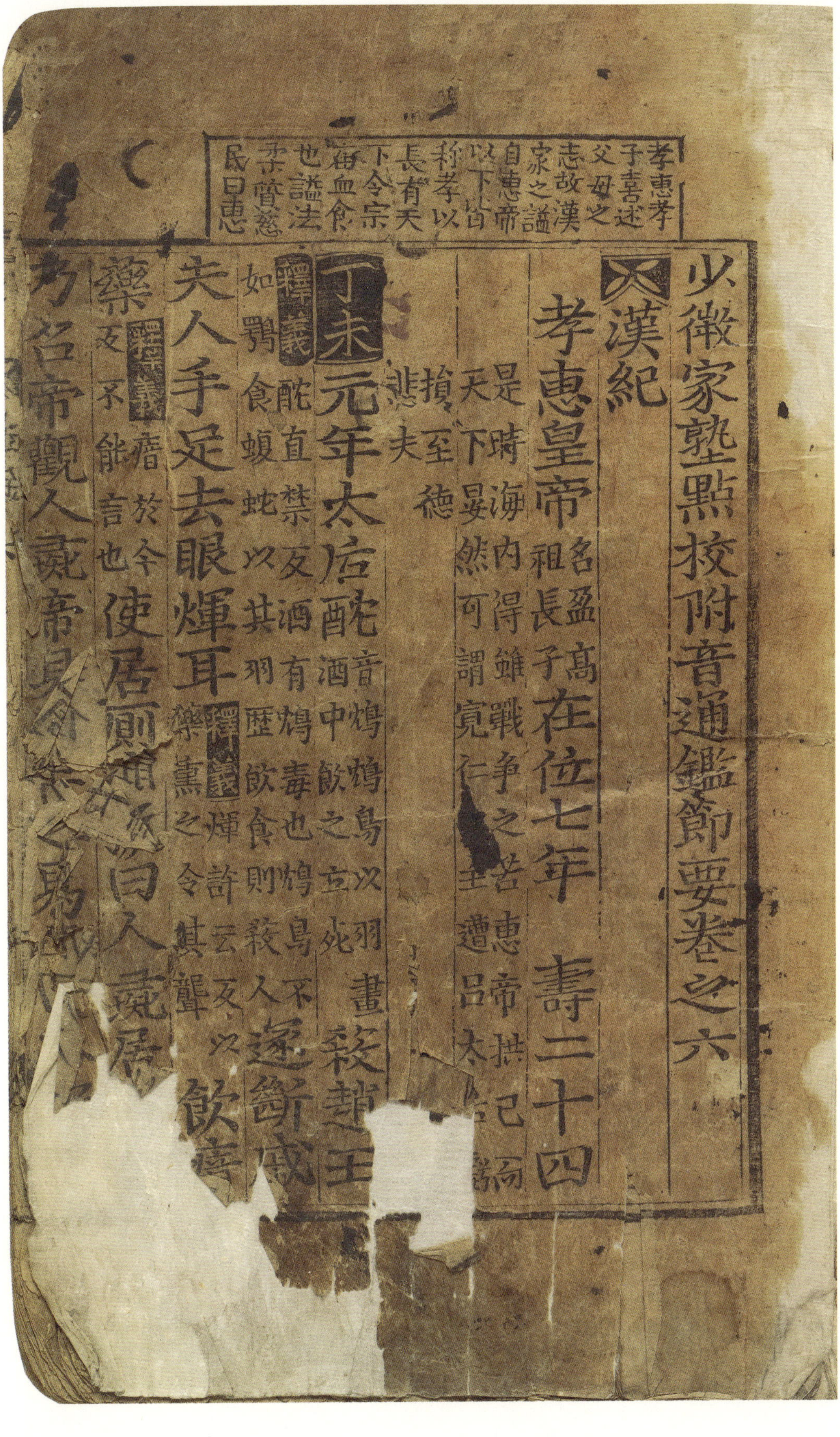

孝惠孝子喜述父母之志故漢家之謚自惠帝以下皆稱孝以長有天下令宗廟血食也謚法柔質慈民曰惠

少微家塾點校附音通鑑節要卷之六

漢紀

孝惠皇帝 名盈高祖長子 在位七年 壽二十四

是時海内得離戰爭之苦惠帝拱己天下晏然可謂寬仁之主遭呂太后虧損至德悲夫

丁未 元年 太后酖 音鴆鴆鳥以羽畫酒中飲之立死 殺趙王 釋義 酖直禁反酒有鴆毒也鴆鳥不如鶻食蝮蛇以其羽歷飲食則殺人 遂斷戚夫人手足去眼煇耳 釋義 煇許云反以藥熏之令其聾 飲瘖藥 釋義 瘖於今反不能言也 使居厠[illegible]命曰人彘居[illegible]

[illegible]召帝觀人彘帝見[illegible]

不能治天下惠帝之意蓋以為身為太后子而不能容父之寵姬是終不能治天下也淫樂者罔淫于樂淫過也鄭文終侯鄭縣文名終謚侯爵

哭因病歲餘不能起使[illegible]太后曰此非人所為臣為太后子終不能治天下帝以此日飲為淫樂不聽政出史呂后紀

新增司馬公曰為人子者父母有過則諫諫而不聽則號泣而隨之安有守高祖之業為天下之主不忍母之殘酷遂棄國家而不恤縱酒色以傷生若孝惠者可謂篤於小仁而未知大義也

戊申二年鄭文終侯蕭何病上親自臨視因問何曰君即百歲後誰可代君者對曰知臣

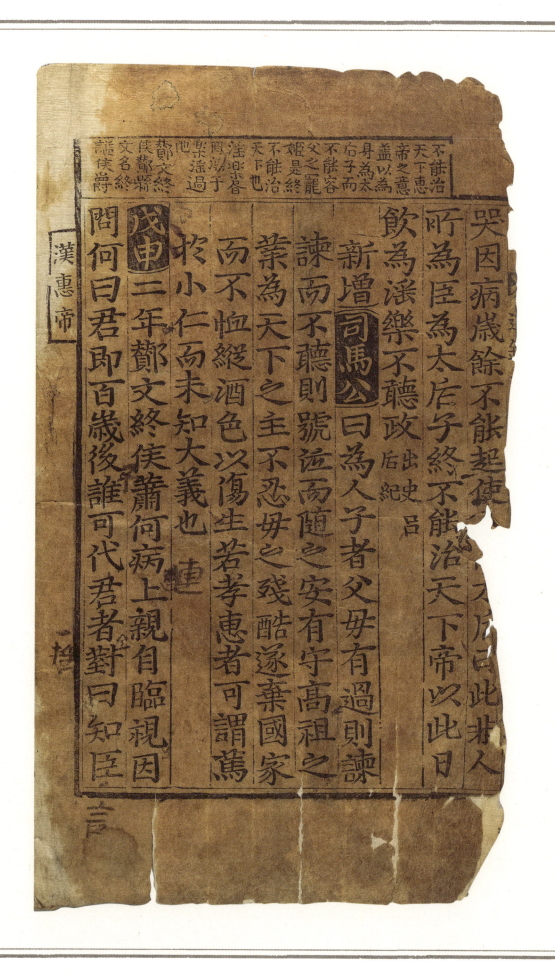

莫如主帝曰曹參何如曰帝得之矣七月甍何置田宅必居窮僻處為家不治垣屋曰後世賢師吾儉不賢毋為勢家所奪出蕭相國世家○曹參聞何甍告舍人趣治行吾將入相居無何使者果召參始參微時與蕭何善及為將相有隙至何且死所推賢唯參參代何為相舉事無所變更釋義擧凡也更平声改也壹遵何約束擇郡國吏訥於文辭釋義訥遲鈍也重厚長者即召除為丞相史史之言文刻深釋義言文刻深謂持文法務於刻剝而深峻者欲務聲名者輒斥去之見人有細過

资治通鉴纲目

宋 朱熹撰 五九卷

明成化九年（一四七三）内府刻本

朱熹（一一三〇至一二〇〇），字元晦，号晦庵，婺源（今属江西）人。南宋大儒，理学集大成者。朱熹因司马光《通鉴》《通鉴目录》《通鉴举要历》及胡安国《通鉴举要历补遗》四书，别为义例，在门生弟子协助下，兼采他书，增损隐括，历时三十余载，草成《资治通鉴纲目》五九卷。是书纲仿《春秋》，目效《左传》，形成了史书编撰学上的一种新体裁「纲目体」。此书的修订工作在朱熹生前未能完成。南宋嘉定年间，李方子得此书稿，并于泉州刊刻完成。

此本为明成化九年内府刻本。现存《纲目》诸本中，成化本首次将朱熹手撰《纲目凡例》置于卷首，为后人了解研究朱子编纂《纲目》的体例，及朱子的正统观、道统观提供了有益的资料。

版框高二七二毫米，宽一八一毫米。八行十八字，四周双边，双鱼尾，黑口。版面宽大，字体端正，刻印精美，是明版书中之精品。书内有「广运之宝」内府印。有手抄配本。

丙午

資治通鑑綱目第二

起丙午盡戊戌 西楚霸王四年漢王四年 凡五十三年

秦昭襄王五十二 楚考烈王八 燕孝王三 魏安釐王二十二 趙孝成王十一 韓桓惠王十八 齊王建十年 凡七國

秦丞相范雎免

秦河東守王稽、坐與諸侯通、棄市。王臨朝而歎、應侯請其故。王曰。武安君死。而鄭安平、王稽等皆畔。內無良將。外多敵國。吾是以憂。應侯懼。不知所出。燕客蔡澤聞之。西入秦。先使人宣言於應侯曰。蔡澤見王。必奪君位。應侯召澤讓之。澤曰。吁。君何見之晚也。夫四時之序。成功者去。商君、吳起、大夫種。何足願與。應侯謬曰。何爲不可。君子有殺身以成名。死無所恨。澤曰。身名俱全者。上也。名可法而身死者。次也。三子之可願。孰與閎夭周公哉。語曰。日中則移。月滿則虧。進退贏縮。與時變化。今君怨已讎德

资治通鉴纲目

宋 朱熹撰 五九卷 存卷二七
清刻本

版框高二〇三毫米，宽一四八毫米。七行十八字，四周单边，单鱼尾，白口。

特袁粲以母喪去職書蓋傷三年之喪之久廢也

冬十月，武都王楊僧嗣卒，弟文度立，降魏。【考異】

立嘗作嗣

○宋尚書令袁粲以母喪去職。

詔以衛軍將軍攝職，粲辭。

【書法】未有書母喪去職者，此其書何？嘉守禮也。於是詔粲以衛將軍攝職，粲固辭。當時如粲者蓋鮮矣，故書嘉之。然則劉湛嘗以母憂去，則曷爲不書？湛黷者也，其去不得已焉耳。終綱目書以母喪去二，是年袁粲、唐憲宗元和二十一年王叔文。

【發明】母喪去職，前此未有書者。是時主少國危，姦雄伺隙，粲躬受託孤之任，所

资治通鉴纲目发明

宋尹起莘撰 五九卷 存卷二、卷六残卷

明刻本

尹起莘，字耕道，遂昌（今属浙江）人，约生活于南宋宁宗至理宗间。尹氏因朱熹《通鉴纲目》卷帙浩繁，乃以《纲目》为本，提纲挈要，阐发其义旨，另著《资治通鉴纲目发明》，利于师学。

版框高二一〇毫米，宽一三〇毫米。十二行二十六字，四周双边，双鱼尾，黑口。书名刻于鱼尾之上。书中有「传经堂图书记」「戴氏家藏」等印章。

資治通鑑綱目發明卷之第

起庚申漢宣帝神爵元年
盡庚午漢成帝陽朔四年　凡四十一年

庚申

神爵元年春正月帝如甘泉郊泰時三月如河東祠后土遣諫大夫王褒求金馬碧雞之神

【質實】后土廟注見武帝元鼎四年

上頗脩武帝故事謹齋祀之禮以方士言增置神祠聞益州有金馬碧雞之神遣褒持節求之初上聞褒有俊才召見使為聖主得賢臣頌其辭曰夫賢者國家之器用也所任賢則趨舍省而功施普器用利則用力少而就效衆故工人之用鈍器也勞筋苦骨終日矻矻及至巧冶鑄干將使離婁督繩公輸削墨雖崇臺五層延袤百丈而不溷者工用相得也庸人之御駑馬亦傷吻敝策而不進及王良執靶韓哀附輿周流八極萬里一息人馬相得也服絺綌之涼者不苦盛暑之鬱燠襲貂狐之煖者不憂至寒之悽愴何則有其具者易其備賢人君子亦聖王之所以易海內也[illegible]君勞於求賢而逸於得人人臣亦然昔賢者之未遭遇也圖事揆[illegible]則君不用其謀陳見悃誠則上不然其信進仕不得施効斥逐又非其愆及其遇明君也運籌合上意諫諍則見聽進退得關其忠任職得行其術故世必有聖知之君而後有賢明之臣故虎嘯而冽龍興而致雲蟋蟀俟秋吟蜉蝣出以陰明明在朝穆穆布列聚精會神相得益彰故聖主必待賢臣而弘功業俊士亦俟明主以顯其德上下俱欲驩然交欣千載一合論說無疑翼乎如鴻毛[illegible]

资治通鉴纲目发明

宋 尹起莘撰 五九卷

明成化 内府刻本

版框高二七四毫米，宽一八一毫米。八行十八字，四周双边，双鱼尾，黑口。

戊寅

資治通鑑綱目發明卷第一

布衣臣尹起莘上進

周威烈王午二十三年。初命晉大夫魏斯趙籍韓虔爲諸侯。

昔在先王封爵五等。建萬國而親諸侯。褒有功而表有德。凡有民有土者非上世神明之冑。則勤勞宣力之臣。爾曷嘗僭及纂竊之人哉。自姬轍既東。王室衰微。禮樂不由於天子。征伐出自於諸侯。泯泯棼棼。聖人憂之。筆削一經。垂法萬世。凡列國君臣之事。無微不録。皆所以示褒貶之實。于時諸侯不王。而王朝之恩下及列國者。不一而足。春秋皆深爲僭之。是以錫命於會。在威公則王不稱天。以見寵貴之失。在成公則天王稱子。以見卑屈之意。至於小白葵丘之會。重耳踐土之盟。雖嘗使宰孔賜胙。及尹氏策命。然

资治通鉴纲目集览

元 王幼学撰 五九卷

明成化 内府刻本

王幼学（一二七五至一三六八），字行卿，元望江（今安徽望江）人。幼学读朱熹《通鉴纲目》，苦其援引幽邃，句读疑难，乃博采经传，悉为训诂。是书始撰于元大德三年（一二九九），历时二十余载方成。明永乐年间陈济为之正误。

版框高二七二毫米，宽一八一毫米。八行十八字，四周双边，双鱼尾，黑口。

資治通鑑綱目集覽卷第一

周威烈王二十三年繁纓小物也而孔子惜之

左傳成二年衛孫桓子與齊師戰衛將敗新築大夫仲叔于奚救桓子是以免既衛賞之以邑辭請繁纓以朝許之仲尼聞之曰惜也惟器與名不可以假人注繁纓馬飾皆諸侯之服也器謂車服名謂爵號繁步干反字與樊通禮巾車樊纓注樊讀如鞶帶之鞶今馬大帶也纓當胷以削革爲之

六卿 春秋晉有智氏趙氏韓氏魏氏范氏中行氏號六卿後晉君失政六卿專權貞定王十一年智趙韓魏共滅范中行而分其地十六年趙韓魏又共滅智氏而分其地安王二十六年三家共廢晉君而分其地

三家 即趙韓魏也號爲三晉正誤三家指魯大夫孟孫叔孫季孫之家趙韓魏已在六卿中不應複舉

晉陽 地理

纲鉴正史约

明 顾锡畴撰 三六卷

明刻本

顾锡畴（一五八五至一六四六），字九畴，号瑞屏，昆山（今属江苏）人。万历四十七年（一六一九）进士。此书取历代史事，粗存梗概，编年纪述，便于初学。

版框高一九八毫米，宽一四五毫米。十行二十字，左右双边，单鱼尾，白鱼尾，白口。书内有朱笔、黑笔的点校、批注。

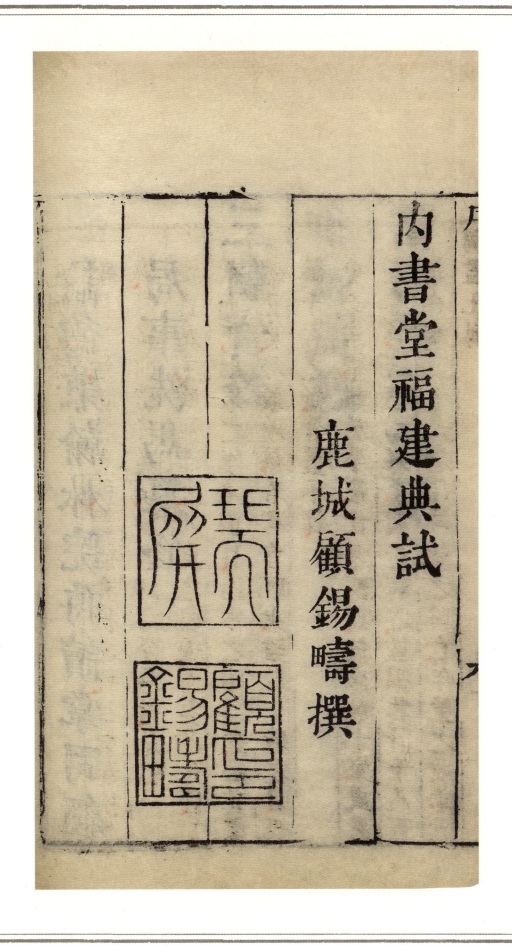

內書堂福建典試

鹿城顧錫疇撰

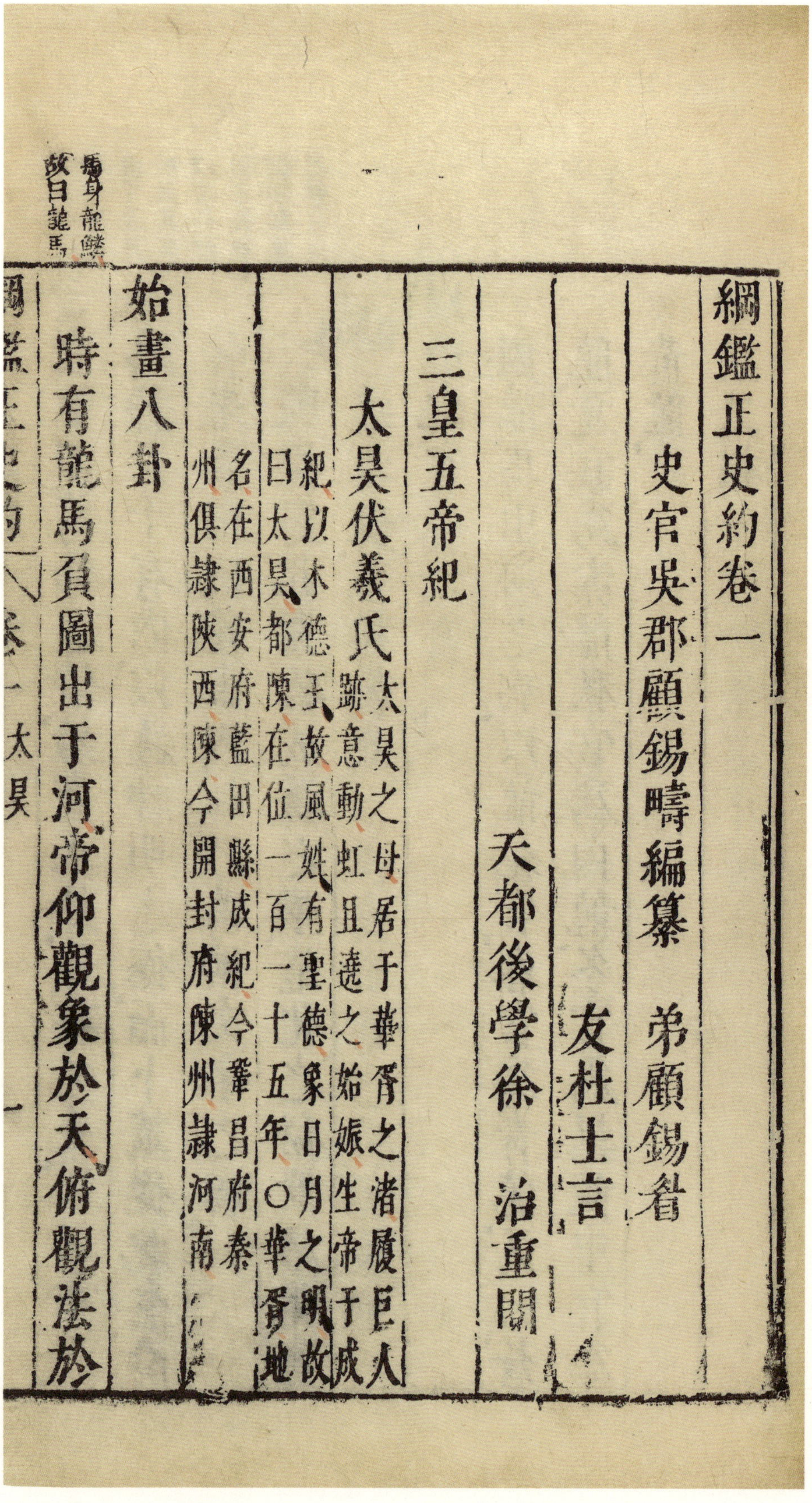
綱鑑正史約卷一

史官吳郡顧錫疇編纂　弟顧錫耆

友杜士言

天都後學徐　治重閱

三皇五帝紀

太昊伏羲氏太昊之母居于華胥之渚履巨人跡意動虹且遶之始娠生帝于成紀以木德王故風姓有聖德象日月之明故曰太昊都陳在位一百一十五年○華胥地名在西安府藍田縣成紀今鞏昌府秦州俱隸陝西陳今開封府陳州隸河南

始畫八卦

時有龍馬負圖出于河帝仰觀象於天俯觀法於

馬身龍鱗故曰龍馬

綱鑑正史約　卷一　太昊　一

而訪羣臣皆百代之正礼

成周殷遺民所居係安釐理也

自陜以西召公主之故曰治西方

王崩子瑕踐位是為昭王。成康之際天下安寧刑錯四十年不用後世謂太和在唐虞成周宇宙間貞元會合之運亘千古而再見者歟

宰即幽公濆其弟也

戊子 二十六年、太保召公奭薨、諡曰康

公初治西方甚得民和、有司請召民、公曰不勞一身而勞百姓、非吾先君文王之志也、乃巡行鄉邑、聽斷於棠樹之下、及卒、人思其政、不忍伐棠樹、作甘棠之詩歌詠之、今河南府陝州有甘棠驛以此得名宜陽縣即召伯聽訟之所

昭王 名瑕康王子在位五十一年

壬寅 十四年、魯公子濆沸弒其君宰而自立、

金履祥曰弒君爭國自此始、而昭王不能討、失政甚矣、

己卯 五十一年、王巡狩、至漢崩、

新刊四明先生高明大字续资治通鉴节要

明 张光启、刘剡撰 三〇卷 存卷七

明刻本

张光启、刘剡以陈桱所撰《通鉴续编》为蓝本，参考当时的诸多史料，选取宋、辽、金、元四代可资借鉴的国政大事，采用纲目体例编撰成此书。张光启，明盱江（今江西抚州）人，曾知建宁县。刘剡，明建阳人，刻印过多部书籍。

版框高一七七毫米，宽一二九毫米。十三行二十五字，四周双边，双鱼尾，白口。

新刊四明先生高明大字續資治通鑑節要卷之七

○宋紀 附遼紀

徽宗皇帝 諱佶神宗第十一子也初封端王哲宗崩無嗣大臣與皇太后立之遼啓大寶在位二十六年爲金虜去壽五十四殂于沙漠追謚曰聖文仁德顯孝皇帝廟號徽宗攢于永裕陵○帝生幾巧多技藝不[illegible]大興土木窮奢極樂天變民怨盜賊乘幾而起宣和二年睦州民方臘以妖術誘衆反於幫源洞僭號改元官軍平之反復不省昇棄忠正信任奸邪與金人盟約滅遼尋爲金人所欺靖康二年大敵入寇虜帝北行至紹興五年殂于五國城哀哉

流星燭地赤白黑三氣之異

辛巳 建中靖國元年 遼天祚帝延禧乾統元年 九年○夏永安三年 春正月朔流星自西南入尾抵拒星其光燭地是夕有赤氣起東北亘西方中出白氣二將散復有黑氣在傍任伯雨言建寅之月其卦爲泰年方改元時方孟春而赤氣起于暮夜之幽以一日言之日爲陽夜爲陰以四方言之東南爲陽西北爲陰從五色推之赤爲陽黑白爲陰從事推之朝廷爲陽宮禁爲陰中國爲陽夷狄爲陰君子爲陽小人爲

宋元通鉴

明 薛应旂撰 一五七卷 存卷一二四至卷一五七
明刻本

薛应旂，字仲常，武进（今属江苏）人，嘉靖进士。此书为续《资治通鉴》而作，记宋太祖至元顺帝四百八十年史事。以商辂等所编《通鉴纲目续编》为蓝本，稍摭他书附益之。对诸家之书多未采录，仅详于道学宗派。

版框高一九九毫米，宽一四四毫米。十行二十字，四周单边，单鱼尾，白口。版心下方有刻工名。卷一二九至一三二为配本，卷一三三至一三五为明陈仁锡评阅本。陈仁锡评阅本版心上方刊书名卷目。

宋元通鑑卷第一百二十九

明賜進士前中憲大夫浙江按察司提學副使兩京吏禮郎中武進薛應旂編集
明賜進士大中大夫陝西布政司參政前湖廣副使整飭蘇松常鎮兵備陽曲王道行
明賜進士中憲大夫陝西按察司副使前知常州府事蘄水朱　袗校正

元紀一 起庚辰至壬午凡三年

世祖一

至元十七年春正月丙辰立遷轉官員法凡無過者授見闕物故及過犯者選人補之滿代者令還家以俟又定諸路差稅課程有增益者即上報隱漏者罪之不須覆畝增稅以擾百姓　甲子以總管張瑄千

何礼刻

通惠河

宋元通鑑卷第一百三十三

明賜進士前中憲大夫浙江按察司提學副使兩京吏禮郎中武進薛應旂編集

長洲　陳仁錫評閱

元紀五起壬辰至甲午凡三年

世祖五

至元二十九年春正月甲午朔日食免朝賀　甲辰詔江南州縣學田其歲入聽其自掌春秋釋奠外以廪師生之無告者貢士莊田則令覈數入官　開通惠河以郭守敬領都水監事初守敬言水利十有一事其一欲導昌平縣白浮村神山泉過雙塔榆河引

乎嘗至其地訪遺跡

通鑑卷一百三十三　元紀世祖五

宋元通鑑卷第一百四十三

武進薛應旂編集

元紀十五 起甲子至丁卯凡四年

泰定帝一

泰定元年春正月乙未以乃蠻台為中書平章政事虞集至除國子司業遷祕書少監　辛丑諸王大臣請立太子己酉召圖帖睦爾于瓊州阿木哥于大同二月壬申請上大行皇帝尊謚廟號英宗國語稱曰格堅皇帝　甲戌江浙行省左丞趙簡請開經筵及擇師傅令太子及諸王大臣子孫受學遂命平章

御批历代通鉴辑览

清傅恒等撰 一一六卷附《唐桂二王本末》四卷

清同治十年（一八七一）浙江书局重刊本

此书是在明李东阳等人所撰《历代通鉴纂要》的基础上编订而成的。李书原藏于内府，清高宗时常翻阅，以其褒贬失宜，记载芜漏，不足以备览。于是下令傅恒等详考史传，重加编订。乾隆三十三年（一七六八）书成。后又增录南明唐、桂二王事迹。全书叙述简明，颇便初学。傅恒，字春和。曾任清廷平叛伊犁统帅，撰有《西域图志》等书。

版框高一八二毫米，宽一四五毫米。十一行二十二字，四周双边，单鱼尾，白口。书中有朱墨套印，并有朱笔句读。

三皇五帝之說辯者紛挐惟孔安國書序以伏羲神農黃帝之書爲三墳少昊顓頊高辛唐虞之書爲五典不區分皇帝之號其說較爲簡當

御批歷代通鑑輯覽卷之一

伏羲氏在位一百十五年傳十五世

太昊伏羲氏

帝生于成紀帝母居于華胥之渚履巨人跡意有所動虹且繞之因而始娠生帝于成紀　華胥古國寰宇記藍田縣有華胥氏陵成紀故城在今甘肅秦州秦安縣以木德繼天而王故風姓有聖德象日月之明故曰太昊

都陳左傳陳太昊之墟鄭樵通志伏羲都陳宛邱城是也宛邱今河南陳州府治是

始畫八卦

帝德洽上下有龍馬說文龍鱗虫之長玉篇馬武獸也此馬身而龍鱗故曰龍馬負圖出于河孔安國書傳伏羲氏王天下龍馬出河朱子河圖論圖之位一與六共宗而居乎北二與七爲朋而居乎南三與八同道而居乎東四與九爲友而居乎西五與十相守而居乎中乃仰觀象

续资治通鉴

清毕沅撰 二二〇卷

清同治八年（一八六九）江苏书局翻刻本

毕沅（一七三〇至一七九七），字秋帆，号灵岩山人，镇洋（今江苏太仓）人。毕沅以前人诸《通鉴》续作未尽完善，因延请当时学者严长明、程晋芳、邵晋涵、洪亮吉、孙星衍、章学诚等人协力，另著此篇。记事始北宋建隆元年（九六〇），终元至正三十年（一三七〇），全书略以徐乾学《资治通鉴后编》为底本，并博采《宋》《辽》《金》《元》四史、《续资治通鉴长编》《建炎以来系年要录》等史料，予以裁剪充实。记述详明，文字简要。书成于乾隆末年，经邵晋涵审定，并请钱大昕校阅。初刻仅一〇三卷，其余一一七卷为嘉庆六年（一八〇四）冯集梧补刻。冯集梧，字轩圃，号鹭庭。乾隆四十五（一七八〇）年进士。

版框高二二一毫米，宽一五三毫米。十行二十一字，四周双边，单鱼尾，白口。

嘉興馮氏補刊鎮洋畢氏原板同治
丁卯春永康應氏所收于蘇松太道
署補刊六十五板己巳夏送歸江蘇
書局秋九月又換刊九板修三十板

鎭洋故尚書畢秋帆先生著續資治通鑑蓋自司馬温公作資治通鑑而明王氏宗沐薛氏應旂各有續通鑑之書

國朝徐氏乾學復有通鑑後編卽王氏薛氏本而增損之今原稿僅存亦不無淩亂闕佚茲書以宋遼金元四朝正史爲經而參以續資治通鑑長編契丹國志等書以及各家說部文集約百十餘種仿通鑑攷異之例著有攷異并依胡氏三省分注各正文下事必詳明語歸體要經營三十餘年延致一時軼才達學之士參訂成稿復經餘姚邵二雲學士核定體例付刻又經嘉定錢

續資治通鑑卷第一

賜進士及第兵部尚書兼都察院右都御史總督湖北湖南等處地方軍務兼理糧餉世襲一等輕車都尉畢沅編集

宋紀一 起上章涒灘正月盡十二月凡一年

太祖啟運立極英武睿文神德聖功至明大孝皇帝 帝諱匡胤姓趙氏涿郡人高祖朓唐幽都令曾祖珽唐御史中丞祖敬涿州刺史考宏殷周檢校司徒天水縣男贈太尉母杜氏後唐天成二年帝生於洛陽夾馬營赤光繞室異香經月不散既長容貌雄偉器度豁如識者知非常人事周世宗累官殿前都點檢恭帝即位改宋州節度使進封開國侯依前都點檢

建隆元年 遼應歷十年 春正月乙巳周歸德軍節度使檢校太尉殿前都點檢趙匡胤稱帝先是辛丑朔周羣臣方

续资治通鉴

清毕沅撰 二二〇卷 存卷四五至七五、卷一一七至一七八

清刻本

版框高二二三毫米，宽一五六毫米。十行二十一字，四周双边，单鱼尾，白口。

續資治通鑑卷第四十五

賜進士及第兵部尚書兼都察院右都御史總督湖北湖南等處地方軍務兼理糧餉世襲一等輕車都尉畢沅編集

宋紀四十五 起元黓敦牂十月盡昭陽協洽八月凡十一月

仁宗體天法道極功全德神文聖武睿哲明孝皇

帝

慶歷二年遼重熙十一年冬十月丙午以右正言知制誥富弼爲翰林學士弼言于帝曰增金幣與遼和非臣本志特以朝廷方討元昊未暇與北方角故不敢以死爭耳功於何有而遽敢受賞乎願陛下益修武備無忘國恥卒辭不拜　遼使之還也遼主命耶律仁先同知南京留

钦定明鉴

清 托津等撰 二四卷

清同治九年（一八七〇）湖北崇文书局刻本

嘉庆二十三年（一八一八）大学士托津奉敕编撰此书，记明洪武至崇祯间史事。是书仿范祖禹《唐鉴》体例，于每篇之首，依时代先后，摘录事迹，而后加以论断，专论明代政治得失以垂戒。

版框高一七九毫米，宽一三四毫米。八行二十字，四周双边，单鱼尾，白口。书中有「樊舆庞氏珍藏」印章。

同治六年季冬湖北崇文書局開刊

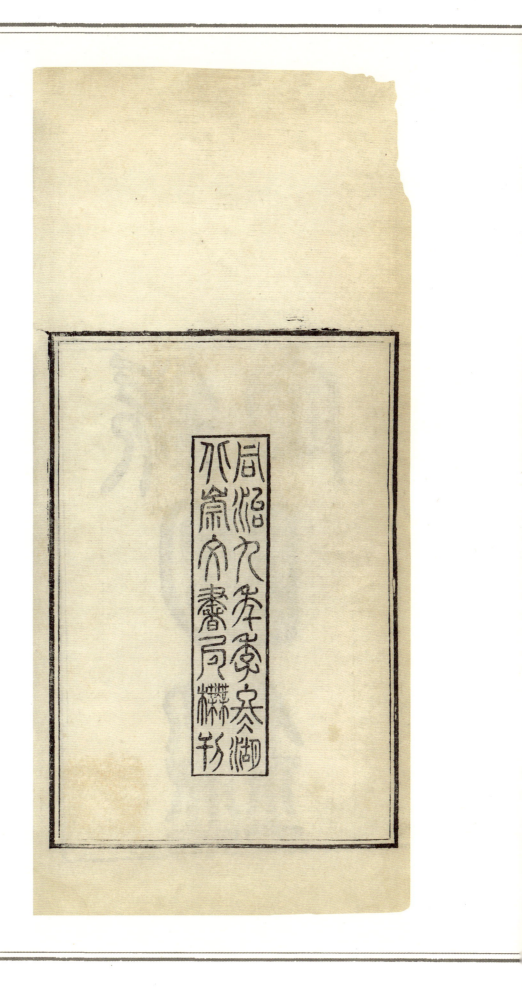

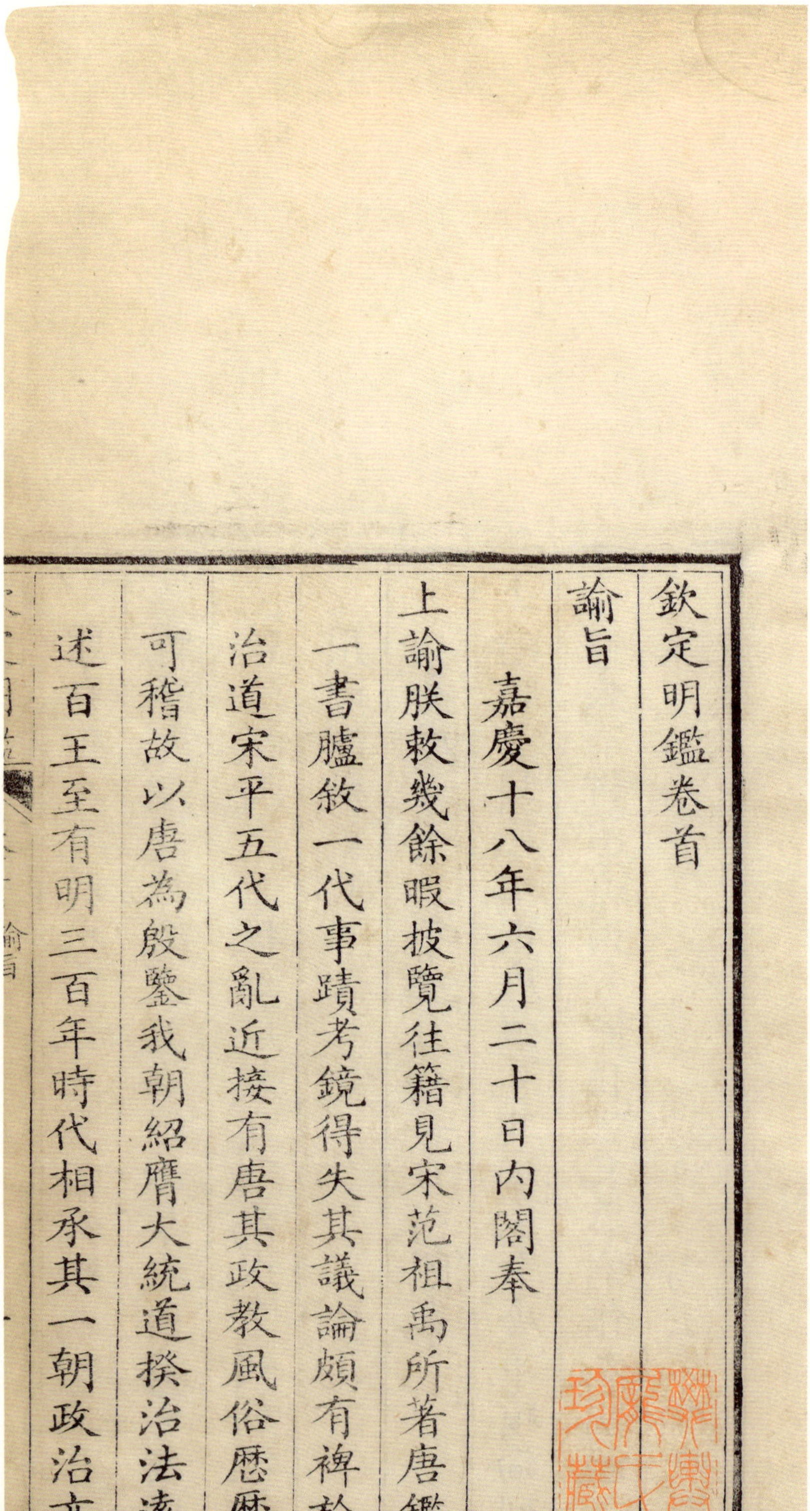
欽定明鑑卷首
諭旨
嘉慶十八年六月二十日内閣奉
上諭朕敕幾餘暇披覽往籍見宋范祖禹所著唐鑑
一書臚敘一代事蹟考鏡得失其議論頗有裨於
治道宋平五代之亂近接有唐其政教風俗歷歷
可稽故以唐為殷鑒我朝紹膺大統道揆治法遠
述百王至有明三百年時代相承其一朝政治亦

欽定明鑑卷一

明太祖一

元至正十三年冬十二月明太祖起兵據滁州太祖濠之鍾離人少孤貧入皇覺寺為僧元季盜起郭子興據濠州太祖往依之署為親兵與徐達湯和等南畧地道遇李善長與語大悅與之俱遂陷滁州未幾子興卒劉福通等奉韓林兒僭偽號檄太祖為副元帥太祖不受然以福通等方强仍用林兒龍鳳年號

资治通鉴纲目正编校勘记

清　温嘉钰校录　八六卷

稿本

清光绪年间，山东书局重刊《资治通鉴纲目》《续资治通鉴纲目》，此为温嘉钰所作校勘记之稿本。此本包括《资治通鉴纲目校勘记》五九卷、《续资治通鉴纲目校勘记》二七卷。

版框高一九九毫米，宽一四九毫米。四周双边，单鱼尾，白口。

山東書局重刊通鑑綱目序　　温嘉鈺擬作

自秦分天下改封建為郡縣漢魏以來皆因之其中沿革廢置增
時變易均非舊治讀史者遇郡縣非注不明通鑑綱目注地理質
實獨詳明以前我
朝輿圖則未有為之注及者方今
列聖相承辨方正位設官分職郡縣或因或革或升縣為府或降州為
縣或合兩為一或析一為二若
皇威震疊拓土開疆幾數萬里鎮城斥堠屯戍之建置形勢相禁唇齒
相輔其籌畫布置更有高出古人萬萬者若考核黃河眞

資治通鑑綱目卷一校勘記

周威烈王二十三年

〔綱〕燕閔公三十一年 宋槧本同○張朝珍本陳仁錫本萬歷本嘉靖本三誤二按史記燕世家湣公三十一年卒釐公立是歲三晉列為諸侯湣同閔釐或作僖下威烈王二十四年為燕僖公元年此當作三十一年今從宋槧本改正

周安王三年

〔書法〕桓帝建和三年 陳仁錫本萬歷本嘉靖本同○宋槧本三作二按綱目書地再震山崩在桓帝建和三年九月宋槧本作二年誤

十一年

〔書法〕則呂為以晉大夫書 宋槧本張朝珍本萬歷本同○陳仁錫本書誤晉

續資治通鑑綱目卷一校勘記

温嘉鈺校錄

宋太祖建隆元年

(目)時張永德為殿前都點檢　乾隆壬寅本宋犖本陳仁錫本殿前誤前殿○按續通鑑當作殿前又按續綱目皆從薛應旂續通鑑

後凡止稱續通鑑者皆薛氏通鑑也

(目)匡義普部分諸將　乾隆壬寅本宋犖本陳仁錫本諸將作都將○按續通鑑當作諸將

列校羅彥瓌挺劍厲聲曰　乾隆壬寅本宋犖本陳仁錫本瓌誤環○按續通鑑當作瓌

(綱)契丹烏嚕殺其叔父魯呼　乾隆壬寅本陳仁錫本同○宋犖本烏嚕作兀律魯呼作李胡按壬寅本陳本已遵欽定遼史改

三家分晉

烈王二十三年　初命晉大夫魏斯趙籍韓虔為諸侯

曰臣聞天子之職莫大於禮禮莫大於分分莫大於名何謂禮何謂分君臣是也何謂名公侯卿大夫是也夫以四海之廣兆制於一人雖有絶倫之力高世之智莫不奔走而服役者豈之綱紀哉是故天子統三公三公率諸侯諸侯制卿大夫卿大人貴以臨賤賤以承貴上之使下猶心腹之運手足根本之制事上猶手足之衛心腹支葉之庇本根然後能上下相保而國曰天子之職莫大於禮也文王序易以乾坤為首孔子繫之曰乾坤定矣卑高以陳貴賤位矣言君臣之位猶天地之不可

纪事本末类

纪事本末类是指按照事件始末编写的史书体例。纪传体对人物、事物（制度、文化等方面）分别记述，可以了解人物的生平和事物（制度、文化）的门类。而编年体按年代顺序记述历史，可以了解各个时间段的事件。但这两种体例都无法直接叙述一个事件的完整过程。纪事本末体是在纪传体和编年体的基础上编写的，其基本特征是以事为纲，按类聚事，并因事标目，能完整叙述一个事件的发生、经过直到结束的全部过程。但相对来说，纪事本末体史书的内容比较单一，缺少与周围环境、人物、事物的内在联系。总之，三种史书体例，各有其不同的特点。南宋袁枢编写《通鉴纪事本末》，开创纪事本末体。此后，纪事本末体为历代史家相沿采用，成为史书的又一重要体例。

通鉴纪事本末

宋 袁枢撰 四二卷

明万历刻本

袁枢（一一三一至一二〇五），字机仲，建安（今福建建瓯）人，南宋著名历史学家。袁枢认为司马光《资治通鉴》翻检不便，乃以事类为中心，辑抄《通鉴》记事之原文，共二百三十九篇，各篇因事立题，成书《通鉴纪事本末》。全书始于三家分晋，终于周世宗征淮南，总括了一千三百六十余年的「治乱兴衰之迹」。《通鉴纪事本末》解决了传统纪传、编年体史书「或一事而复见数篇，宾主莫辨」，「或一事而隔越数卷，首尾难稽」的体例缺陷。前后始末，一览了然，为中国第一部纪事本末体史书。

此本为明李栻所刻。李栻，字孟敬，江西丰城人，嘉靖四十四年（一五六五）进士，曾任湖广巡抚，刻印过多部文史书籍。

版框高二三五毫米，宽一六五毫米，十二行二十八字，四周单边，单鱼尾，白口。书中有「兰斋藏书」印。

通鑑紀事本末卷第一

三家分晉

周威烈王二十三年　初命晉大夫魏斯趙籍韓虔為諸侯

臣光曰臣聞天子之職莫大於禮禮莫大於分分莫大於名何謂禮紀綱是也何謂分君臣是也何謂名公侯卿大夫是也夫以四海之廣兆民之衆受制於一人雖有絶倫之力高世之智莫敢不奔走而服役者豈非以禮為之綱紀哉是故天子統三公三公率諸侯諸侯制卿大夫卿大夫治士庶人貴以臨賤賤以承貴上之使下猶心腹之運手足根本之制支葉下之事上猶手足之衛心腹支葉之庇本根然後能上下相保而國家治安故曰天子之職莫大於禮也文王序易以乾坤為首孔子繫之曰天尊地卑乾坤定矣卑高以陳貴賤位矣言君臣之位猶天地之不可易也春秋抑諸侯尊周室王人雖微序於諸侯之上以是見聖人於君臣之際未

通鉴纪事本末

宋 袁枢撰 二三九卷

清同治七年（一八六八）朝宗书室木活字本

版框高二〇〇毫米，宽一三〇毫米，单鱼尾，白口，四周单边。

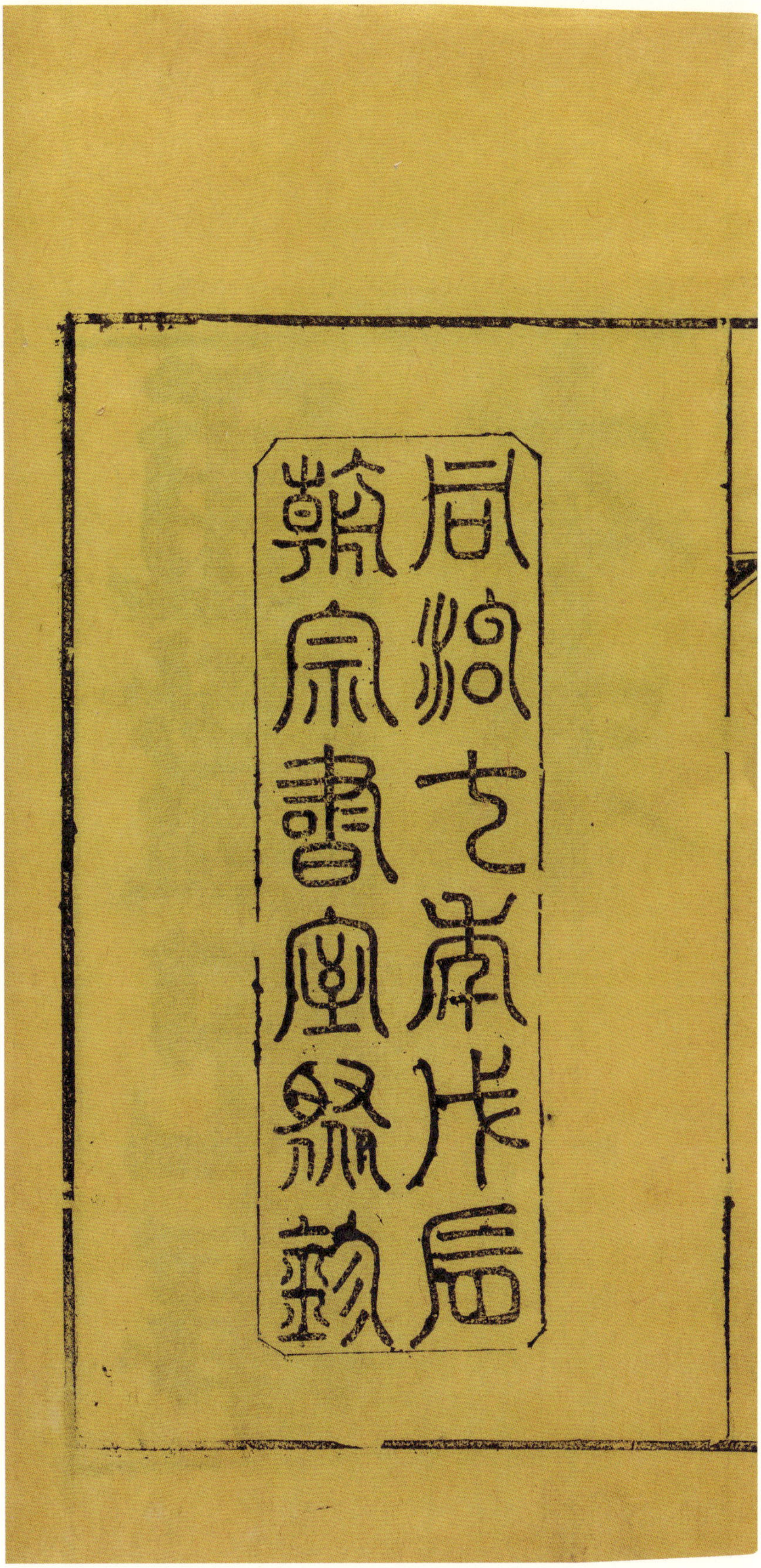
同治七年仲冬
乾宗書室開雕

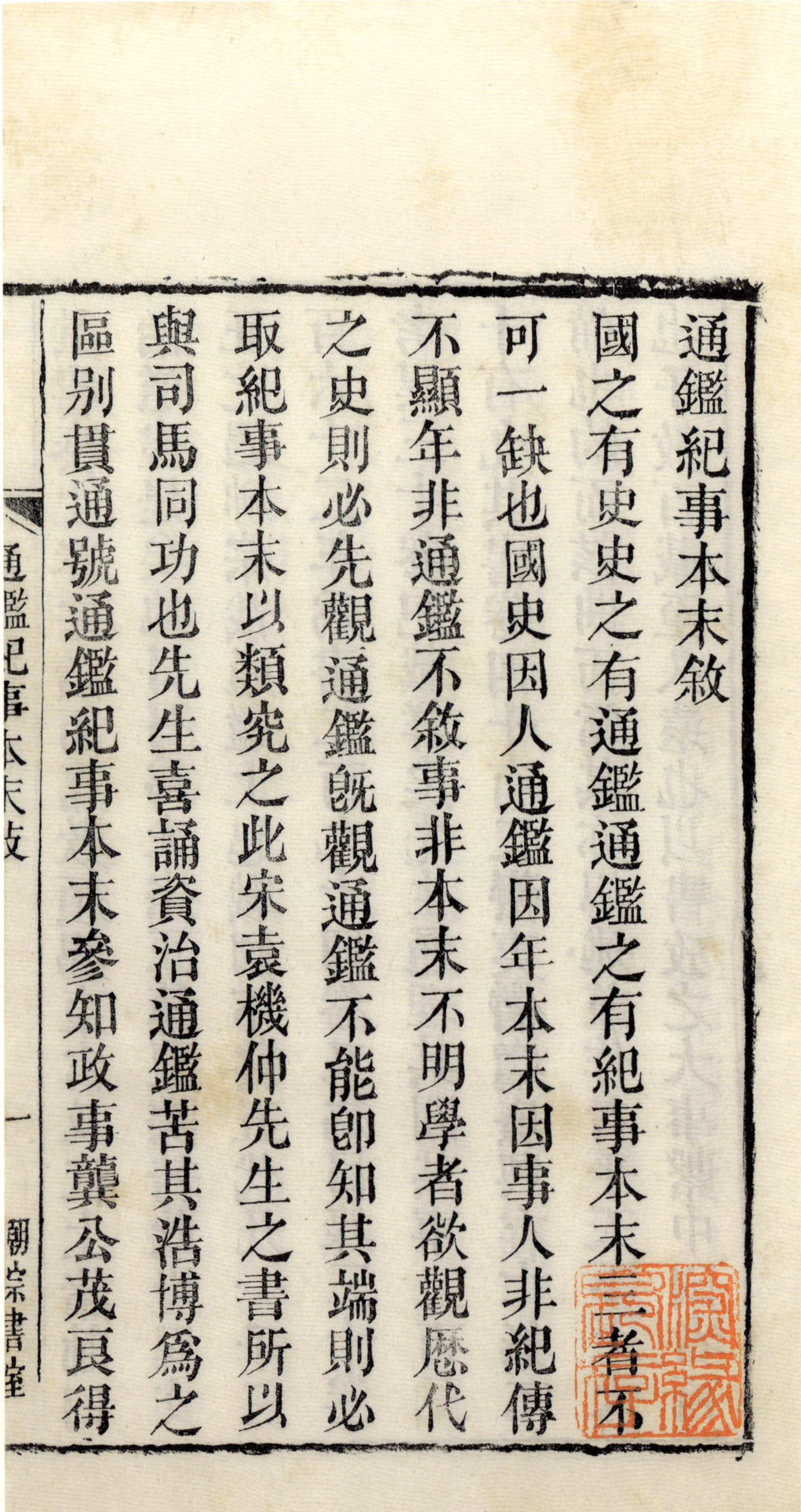

通鑑紀事本末敘

國之有史史之有通鑑通鑑之有紀事本末三者不可一缺也國史因人通鑑因年本末因事人非紀傳不顯年非通鑑不敘事非本末不明學者欲觀歷代之史則必先觀通鑑既觀通鑑不能即知其端則必取紀事本末以類究之此宋袁機仲先生之書所以與司馬同功也先生喜誦資治通鑑苦其浩博爲之區別貫通號通鑑紀事本末參知政事龔公茂良得

通鑑紀事本末敘　一　翻宋書室

通鑑紀事本末卷一

宋　建安袁　樞編次
明　太倉張　溥論正

三家分晉

周威烈王二十三年　初命晉大夫魏斯趙籍韓虔爲諸侯

臣光曰臣聞天子之職莫大於禮禮莫大於分分莫大於名何謂禮紀綱是也何謂分君臣是也何謂名公侯卿大夫是也夫以四海之廣兆民之衆受制於一人雖有絕倫之力高世之智莫敢不奔走而服役者豈非以禮爲之綱紀哉是故天子統三

宋史纪事本末

明冯琦原编　陈邦瞻纂辑　一〇卷

明万历刻本

《宋史纪事本末》是记述宋代三百余年历史的纪事本末体史书。是书于万历二十二年（一六〇四）由陈邦瞻着手编撰，约历时一年左右完成。此前，冯琦曾起草编写此书，另有南京侍御史沈越，亦采纪事本末体编录宋代史事，取名《事纪》，二书皆未完稿。冯琦弟子请陈邦瞻将冯、沈二书加以增订，合为一编，是为《宋史纪事本末》。

陈邦瞻（一五五七至一六二三），字德远，高安（今属江西）人，明万历年间曾任两广巡抚。

版框高二一三毫米，宽一五〇毫米。十一行二十二字，四周单边，单鱼尾，白口。

宋史紀事本末卷第一

明 北海 馮 琦 原編
高安 陳邦瞻 纂輯
句吳 徐 申
豫章 劉日梧 校正
秣陵 沈朝陽 繙閱

太祖代周

宋太祖建隆元年周恭帝宗訓元年也先是周顯德六年十一月鎮定二州上言北漢會契丹兵入寇至是年正月辛丑朔遣殿前都點檢檢校太尉歸德節度使趙匡胤率兵禦之殿前副都點檢慕容延釗將前軍先發時主少國

宋史纪事本末

明 冯琦原编 陈邦瞻增订 张溥论正 一〇九卷

清同治十三年（一八七四） 江西书局本

版框高二一〇毫米，宽一四八毫米，十行二十字，左右双边，单鱼尾，黑口。卷首有「归安钱氏」白文藏书印。

同治甲戌季春
江西書局開雕

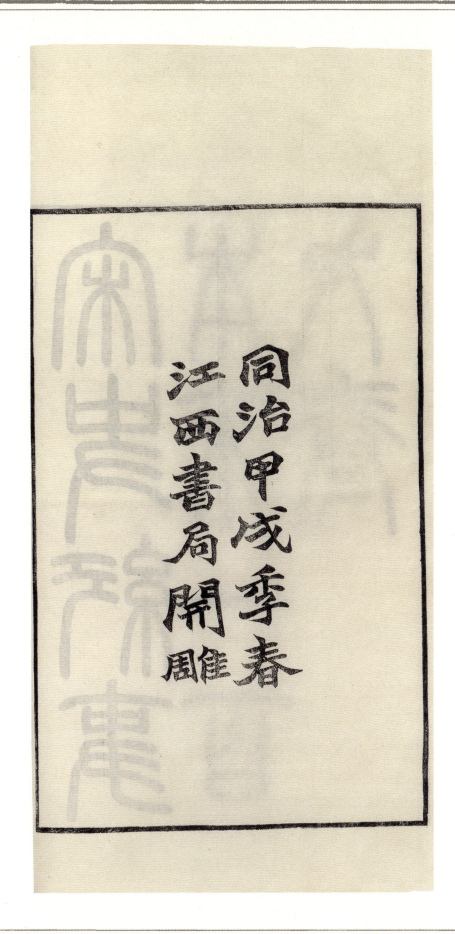

宋元紀事本末序

讀史至宋蹶乎傷之代侔漢唐而文出夷貉其書闒冗不足述也莆田柯氏新史肇興遼金二國降列載記規模反正卷帙微省而取材未廣闕如生恨薛王

宋元紀事本末　序　一

宋史紀事本末卷一

高安陳邦瞻增訂
明臨朐馮琦原編
太倉張溥論正

太祖代周

宋太祖建隆元年周恭帝宗訓元年也先是周顯德六年十一月鎭定二州上言北漢會契丹兵入寇至是年正月辛丑朔遣殿前都點檢撿挍太尉歸德節度使趙匡胤率兵禦之殿前副都點校慕容延釗將前軍先發時主少國疑中外密有推戴匡胤之意都

西夏纪事本末

清 张鉴撰 三六卷

清光绪十年（一八八四）江苏书局本

张鉴（一七六八至一八五〇），乌程（今浙江）人。鉴以西夏史迹多湮没难寻，乃稽考遗文另著此编。主要依据《宋》《辽》《金》《元》诸史、李焘《长编》等史料成书。起自唐中和年间西夏远祖拓跋思恭居夏州，迄于宋宝庆三年（一二二七）蒙古灭夏，记载了西夏立国前后近三百五十年的历史。卷首载《年表西夏堡塞附图》《历代疆域节略职方表》，亦属创例。然叙次从杂，考证未精，有专尊宋朝之偏见。

版框高二一四毫米，宽一五一毫米，十二行二十五字，左右双边，单鱼尾，白口。

光緒甲申江
蘇書局開雕

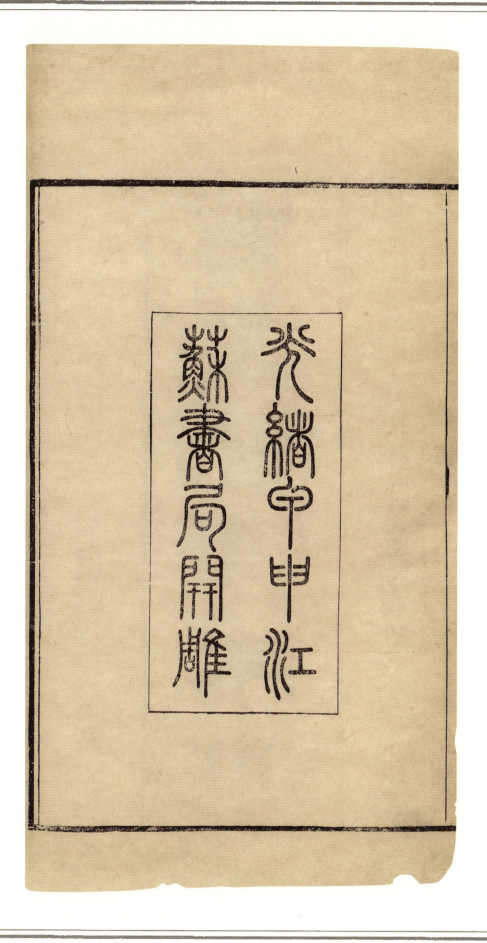

西夏紀事本末年表

烏程張鑑春治甫著

紀年	庚申	辛酉	壬戌	癸亥	甲子	乙丑	丙寅	丁卯
宋	太祖建隆元年							
西夏	九月定難節度使李彝興卒十二月以子克							
遼金元	遼穆宗應歷十年							

年表

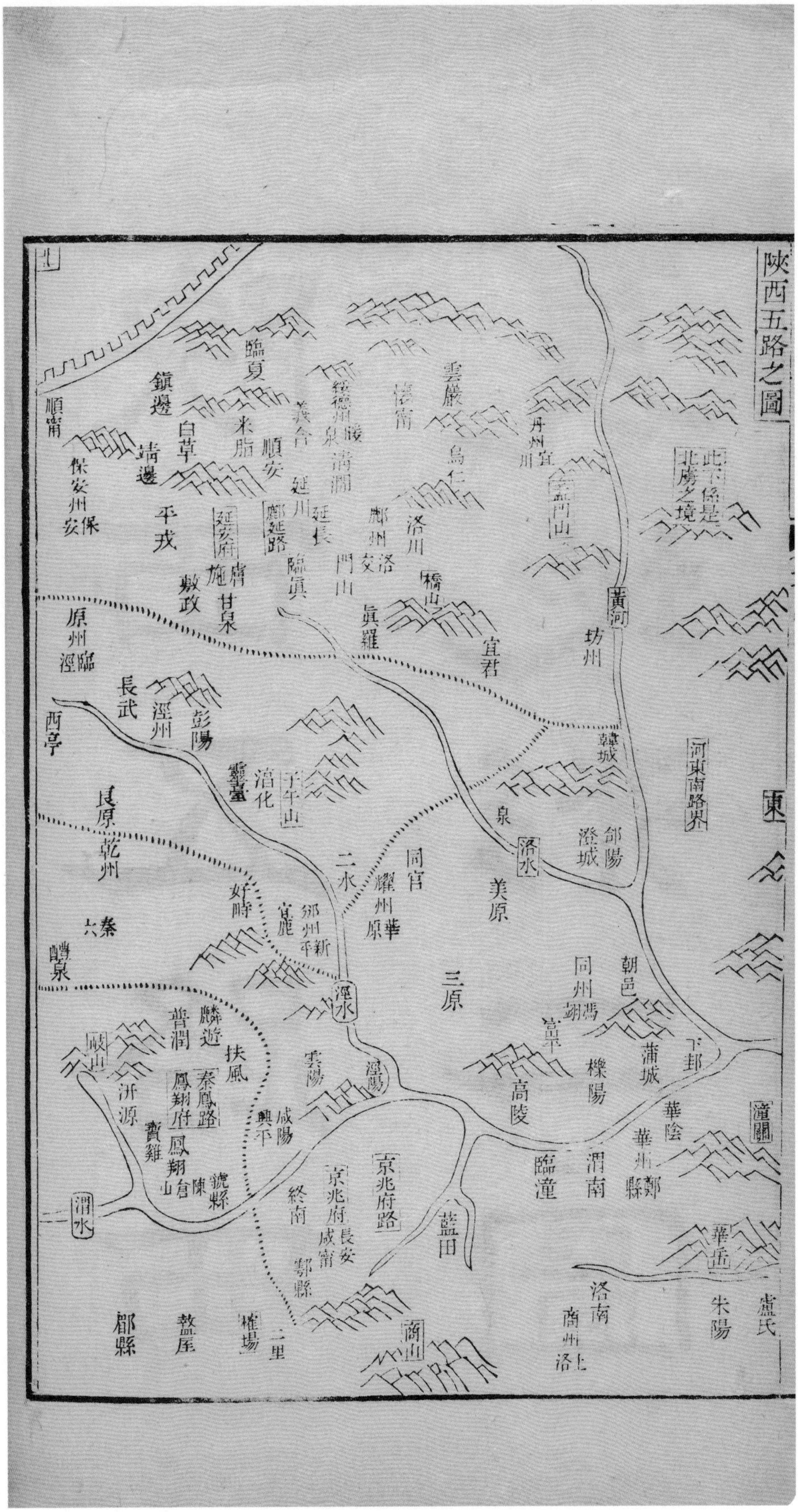

陝西五路之圖
北
東
此係是北虜之境
河東南路界
黃河
洛水
涇水
渭水
鄜延路
延安府
秦鳳路
鳳翔府
京兆府路
京兆府
長安
咸寧
潼關
華岳
商山
岐山
子午山
橋山
龍門山
臨夏
鎮邊
靖邊
白草
順安
保安州
平戎
敷政
甘泉
延川
延長
臨眞
清澗
綏德州
雲巖
宜川
丹州
坊州
鄜州
洛川
宜君
韓城
郃陽
澄城
同官
耀州
華原
美原
三原
朝邑
同州
馮翊
蒲城
櫟陽
高陵
臨潼
渭南
華陰
華州
鄭縣
下邽
藍田
咸陽
興平
終南
鄠縣
盩厔
郿縣
寶雞
汧源
麟遊
普潤
扶風
原州
臨涇
長武
涇州
彭陽
西亭
乾州
好畤
奉天
邠州
新平
醴泉
洛南
商州
上洛
盧氏
朱陽

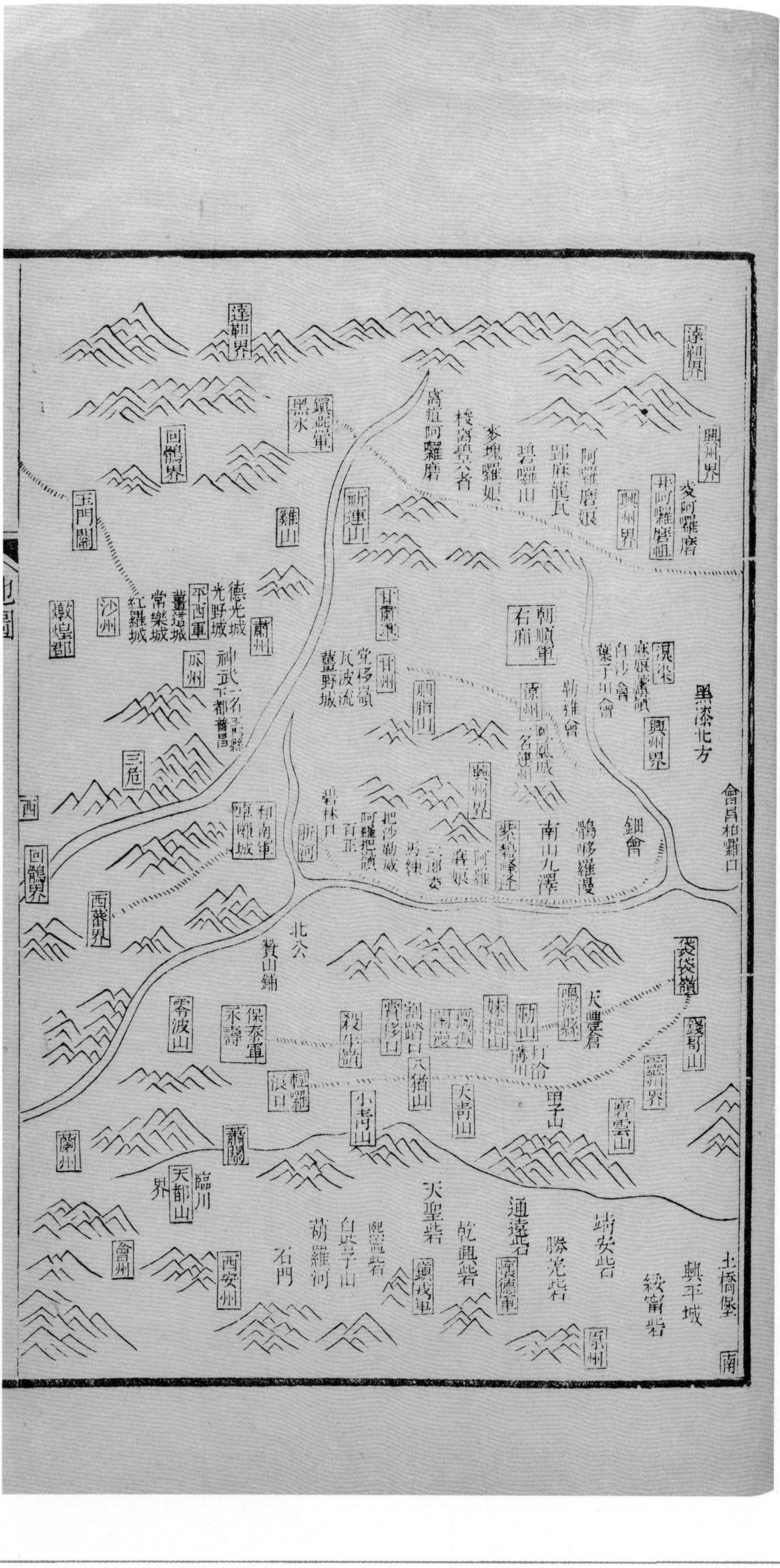
達靼界
達靼界
回鶻界
回鶻界
玉門關
雞山
黑水
沙州
燉煌郡
肅州
瓜州
三危
西番界
興州界
興州界
興州界
甘州
涼州
南山九澤
零波山
保泰軍
永壽
北公
小青山
大青山
甲子山
天豐倉
錢哥山
蘭州
天都山
臨川
會州
西安州
天聖砦
通遠砦
乾興砦
靖安砦
勝羌砦
原州

元史纪事本末

明 陈邦瞻撰 张溥论正 二七卷
清同治十三年（一八七四）江西书局本

此书取纪事本末体，记事始自元世祖至正十七年（一二八〇），止于顺帝至正十七年（一三六七）。于元代政治、经济、军事等重大事件多有条理分明的记载，特别是世祖朝记事达十六卷，记载尤详。对研究元史仍具备一定参考价值。

版框高二一二毫米，宽一四八毫米。十行二十字，左右双边，单鱼尾，黑口。卷首有「归安钱氏」白文藏书印。

西夏紀事本末卷一

烏程張鑑春治甫著

得姓始末

西夏本魏拓跋氏之後其地則赫連國也當唐僖宗時遠祖拓跋思恭爲夏州偏將以中和元年與太原節度使鄭從讜討黃巢有功受賜姓曰李又與河中節度使王重榮義武軍節度使王處存鄜延節度使李孝章爲朔方軍節度使分京城四面都統拜夏州節度使世有銀夏綏宥靜五州之地思恭卒以其弟思諫爲節度使自唐末天下大亂興元鳳翔邠寧鄜坊河中同華諸州之兵四面並起而交爭獨靈夏未嘗爲唐患亦無大功故其世次功過不顯梁開平三年思諫卒軍中立其子彝昌爲留後尋起復正授旄鉞拜節度使明年其將高宗益作亂殺彝昌時有李仁福者爲蕃

元史紀事本末卷一

高安　陳邦瞻　編輯
明　太倉　張溥　論正

江南羣盜之平

世祖至元十七年十二月漳州民陳桂龍兵起福建都元帥完者都等擊走之桂龍及其兄子陳弔眼有衆數萬屯高安砦據之朝廷命完者都及副帥高興討之時建寧賊黃華勢尤猖獗完者都先引兵壓其境華驚懼乞降完者都奏以華爲副元帥凡軍行悉以咨之桂龍等乘高爲險人莫敢進興命人挾束薪

明史纪事本末

清谷应泰撰 八〇卷

清同治十二年（一八七三）江西书局本

谷应泰（一六二〇至一六九〇），字赓虞，号霖苍，直隶丰润（今属河北）人，顺治四年（一六四七）进士，曾官浙江学政。此书采纪事本末体，凡叙专题八十，卷末附史论。始于元至正十二年（一三五二年）朱元璋起兵，终于崇祯十七年（一六四四年）李自成克京。是书刊成于顺治十五年（一六五八年）。

版框高二一三毫米，宽一四八毫米，十行二十字，左右双边，单鱼尾，黑口。卷首有「归安钱氏」白文藏书印。

同治癸酉孟冬
江西書局開雕

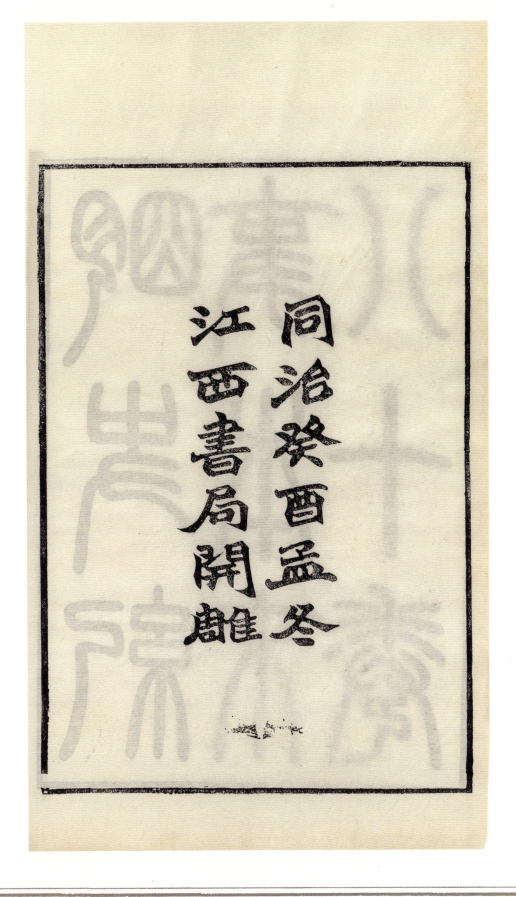

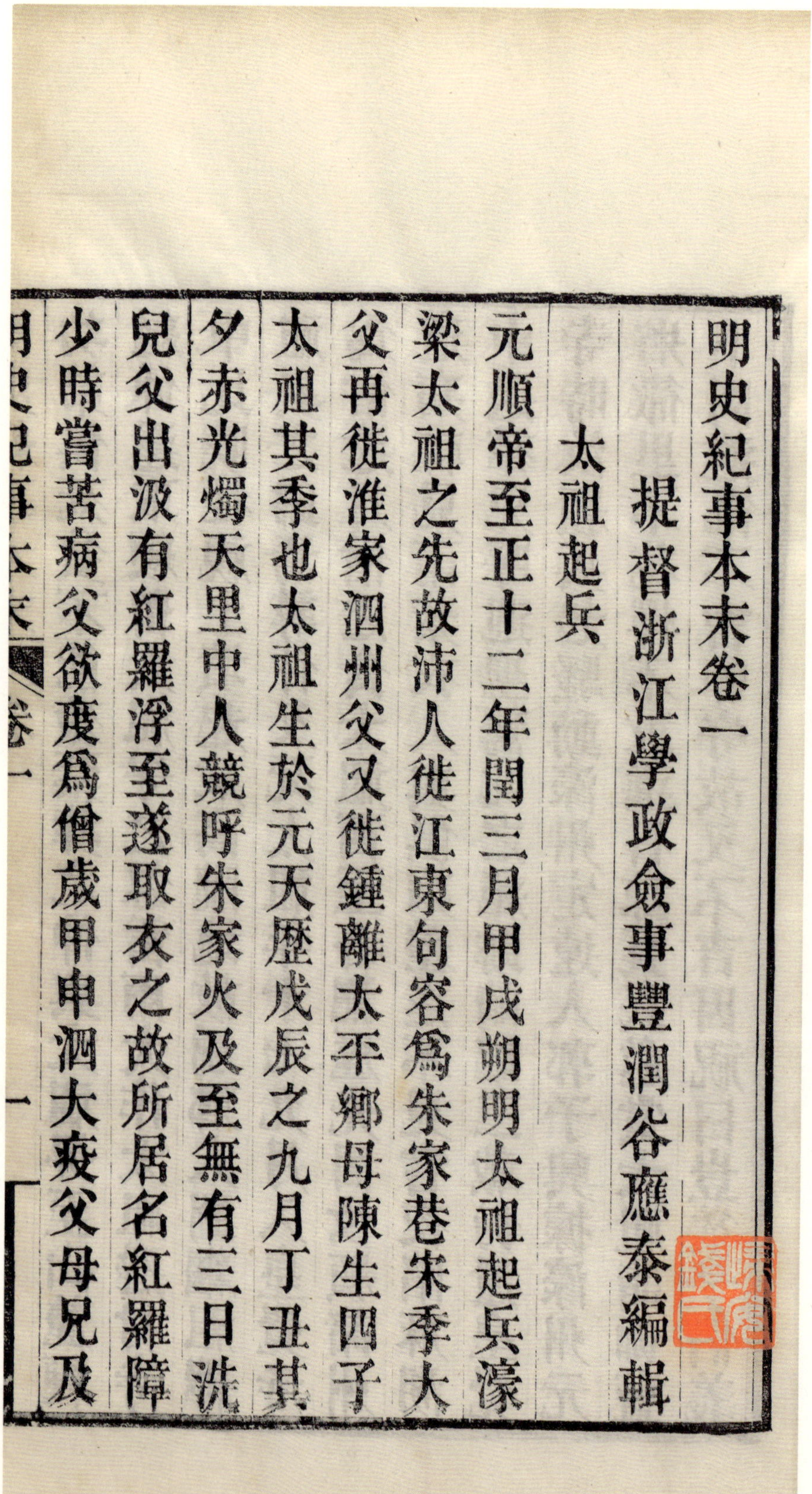

明史紀事本末卷一

提督浙江學政僉事豐潤谷應泰編輯

太祖起兵

元順帝至正十二年閏三月甲戌朔明太祖起兵濠梁太祖之先故沛人徙江東句容爲朱家巷朱季大父再徙淮家泗州父又徙鍾離太平鄉母陳生四子太祖其季也太祖生於元天歷戊辰之九月丁丑其夕赤光燭天里中人競呼朱家火及至無有三日洗兒父出汲有紅羅浮至遂取衣之故所居名紅羅障少時嘗苦病父欲度爲僧歲甲申泗大疫父母兄及

明史紀事本末　卷一　一

后記

中华文明是世界文明史中唯一不曾中断的文明，最重要的依据正是中国的史书古籍。古籍如何在今天的社会生活中发挥应有的作用，是值得思考的。习近平总书记提出「让书写在古籍里的文字都活起来」，为我们指出了一条明路。

虽然本图录展示的是古籍善本中的沧海一粟，但却呈现出祖国传统文化的丰富多彩。由于时间紧迫，在版本鉴别、文字说明等方面还有不当之处，希望读者多提宝贵意见。明年我们将展出馆藏史部的别史、杂史、地理、政书、金石等类古籍善本，敬请期待。

参考文献

中华书局点校本“二十四史”。

[唐] 释道宣编：《广弘明集》，《四部丛刊》影印本。

[宋] 王尧臣等编次，[清] 钱东垣等辑释：《崇文总目》，中华书局，1985 年。

[宋] 司马光撰，[元] 胡三省音注：《资治通鉴》，中华书局，1956 年。

[宋] 朱熹撰：《资治通鉴纲目》，《朱子全书》（修订本）第 8 册，上海古籍出版社，安徽教育出版社，2010 年。

[宋] 袁枢撰：《通鉴纪事本末》，中华书局，2015 年。

[宋] 陈振孙撰：《直斋书录解题》，上海古籍出版社，1987 年。

[明] 陈邦瞻撰：《宋史纪事本末》，中华书局，2015 年。

[明] 陈邦瞻撰：《元史纪事本末》，中华书局，2015 年。

[清] 谷应泰撰：《明史纪事本末》，中华书局，2015 年。

[清] 董丰垣撰：《竹书纪年辨证》，《丛书集成续编》第 22 册，上海书店出版社，1994 年。

[清] 毕沅撰：《续资治通鉴》，中华书局，1957 年。

[清] 张鉴撰：《西夏纪事本末》，甘肃文化出版社，1998 年。

[清] 永瑢等撰：《四库全书总目》，中华书局，1965 年。

[清] 邵懿辰撰，邵章续录：《增订四库简明目录标注》，中华书局，1959 年。

[清] 莫友芝撰，傅增湘订补：《藏园订补郘亭知见传本书目》，中华书局，2009 年。

[清] 张之洞编撰，范希曾补正：《增订书目答问补正》，中华书局，2011 年。

王先谦撰：《后汉书集解》，上海古籍出版社，2006 年。

傅增湘撰：《藏园群书经眼录》，中华书局，2009 年。

曹之：《中国古籍版本学》，武汉大学出版社，2015 年。

柴德赓：《资治通鉴介绍》，求实出版社，1981 年。

陈国代：《文献家朱熹：朱熹著述活动及其著作版本考察》，北京师范大学出版社，2015 年。

陈垣：《史讳举例》，中华书局，2016 年。
陈垣：《通鉴胡注表微》，商务印书馆，2011 年。
崔万秋：《通鉴研究》，商务印书馆，1934 年。
杜泽逊：《文献学概要》（修订本），中华书局，2008 年。
胡宝国：《汉唐间史学发展》，商务印书馆，2003 年。
黄永年：《古文献学讲义》，中西书局，2014 年。
金毓黻：《中国史学史》，商务印书馆，2010 年。
李开升：《明嘉靖刻本研究》，中西书局，2019 年。
李裕民：《四库提要订误》，中华书局，2005 年。
李致忠：《古书版本鉴定》（修订本），北京图书馆出版社，2007 年。
梁春芳, 朱晓军, 胡学彦, 陈后扬著:《浙江近代图书出版史研究》, 学习出版社, 2014 年。
刘晓：《元史研究》，福建人民出版社，2006 年。
毛春翔：《古书版本常谈》，中华书局，1962 年
瞿冕良编：《中国古籍版刻辞典》，齐鲁书社，1999 年。
汤勤福：《朱熹的史学思想》，齐鲁书社，2000 年。
王国维：《观堂集林》，中华书局，1959 年。
王绍曾：《近代出版家张元济》，商务印书馆，1995 年。
王彦坤编：《历代避讳字汇典》，中州古籍出版社，1997 年。
王重民：《中国目录学史论丛》，中华书局，1984 年。
魏隐儒，王金雨编：《古籍版本鉴定丛谈》，印刷工业出版社，1984 年。
翁连溪：《清代内府刻书研究》，故宫出版社，2013 年。
吴枫主编：《简明中国古籍辞典》，吉林文史出版社，1987 年。
姚名达：《中国目录学史》，上海古籍出版社，2005 年。
叶德辉：《书林清话》，复旦大学出版社，2008 年。
余嘉锡：《目录学发微》，巴蜀书社，1991 年。
余嘉锡：《四库提要辩证》，中华书局，1980 年。
张煦候：《通鉴学》，安徽人民出版，1981 年。
张元济：《张元济全集》，商务印书馆，2010 年。

中国古籍善本书目编辑委员会编：《中国古籍善本书目 · 史部》，上海古籍出版社，1993 年。
中国国家图书馆，中国国家古籍保护中心编：《第一批国家珍贵古籍名录图录》，北京图书馆出版社，2008 年。
中国国家图书馆，中国国家古籍保护中心编：《第二批国家珍贵古籍名录图录》，北京图书馆出版社，2010 年。
中国国家图书馆，中国国家古籍保护中心编：《第三批国家珍贵古籍名录图录》，北京图书馆出版社，2012 年。
左桂秋：《明代通鉴学研究》，中国海洋大学出版社，2009 年。
[日] 尾崎康著，乔秀岩、王铿编译：《正史宋元版之研究》，中华书局，2018 年。

陈守实：《< 明史稿 > 考证》，《国学论丛》第 1 卷第 1 号，1927 年。
黄爱平：《< 明史 > 稿本考略》，《文献》1983 年第 4 期。
李金华：《< 续资治通鉴 > 编纂新考》，《史学史研究》2010 年第 1 期。
聂溦萌：《从丙部到史部——汉唐之间目录学史部的形成》，《中国史研究》2015 年第 3 期。
乔治忠：《李东阳 < 历代通鉴纂要 > 及其在清朝的境遇》，《中国史研究》2014 年第 4 期。
瞿林东：《元代 < 通鉴 > 学和 < 通鉴 > 胡注》，《史学月刊》1994 年第 3 期。
汤勤福：《朱熹与 < 通鉴纲目 >》，《史学史研究》1998 年第 2 期。
王继光：《< 续资治通鉴 > 刊刻本辩证》，《兰州大学学报》1981 年第 2 期。
王仲荦：《< 资治通鉴 > 与通鉴学》，《历史教学》1963 年第 5 期。
辛德勇：《中国古典目录学中史部之演化轨迹述略》，《中国典籍与文化》2006 年第 1 期。
严文儒：《< 资治通鉴纲目 > 明代刻本考详》，《古籍研究》2001 第 1 期。
张学谦：《武英殿本 < 二十四史 > 校刊始末考》，《文史》2014 年第 1 期。
周录祥：《凌稚隆 < 史记评林 > 研究》，南京师范大学博士论文，2008 年。

图书在版编目（CIP）数据

传承之道：深圳博物馆藏史部古籍善本．上 / 深圳博物馆编．-- 北京：文物出版社，2019.9

ISBN 978-7-5010-6221-8

Ⅰ．①传… Ⅱ．①深… Ⅲ．①史籍—善本—汇编—中国 Ⅳ．① Z422

中国版本图书馆 CIP 数据核字 (2019) 第 168980 号

图录编辑委员会

主　　任：叶　杨

副 主 任：蔡惠尧

主　　编：李婷娴

副 主 编：张冬煜　洪　斌　王建平

编　　委：周雄伟　陈嘉雯　姜　琳　唐方圆　磨玮玮

文字撰写：李婷娴（主笔）　洪　斌　王建平　磨玮玮

文字校对：唐方圆　陈嘉雯

传承之道

深圳博物馆藏史部古籍善本（上）

编　　者：深圳博物馆

责任编辑：王　伟　智　朴

责任印制：梁秋卉

出版发行：文物出版社

址：北京市东直门内北小街 2 号楼

址：http://www.wenwu.com

箱：web@wenwu.com

销：新华书店

制：雅昌文化（集团）有限公司

本：889mm x 1194mm　1/16

张：16.125

次：2019 年 9 月第 1 版

次：2019 年 9 月第 1 次印刷

号：ISBN 978-7-5010-6221-8

价：396.00 元